做人 用人 管好人

孙郡锴◎编著

中国华侨出版社
·北京·

U0727677

图书在版编目 (CIP) 数据

做人用人管好人 / 孙郡锴编著 .—北京：中国华侨出版社，
2010.4（2024.11 重印）

ISBN 978-7-5113-0356-1

Ⅰ.①做… Ⅱ.①孙… Ⅲ.①管理学—通俗读物 Ⅳ.C93-49

中国版本图书馆 CIP 数据核字（2010）第 063343 号

做人用人管好人

编　　著：孙郡锴
责任编辑：刘晓燕
封面设计：周　飞
经　　销：新华书店
开　　本：710 mm×1000 mm　1/16 开　　印张：12　　字数：130 千字
印　　刷：三河市富华印刷包装有限公司
版　　次：2010 年 6 月第 1 版
印　　次：2024 年 11 月第 2 次印刷
书　　号：ISBN 978-7-5113-0356-1
定　　价：49.80 元

中国华侨出版社　北京市朝阳区西坝河东里 77 号楼底商 5 号　邮编：100028
发 行 部：（010）64443051　　传　真：（010）64439708

如果发现印装质量问题，影响阅读，请与印刷厂联系调换。

前 言

"什么样的领导才叫好领导?"这句话大家听到过许多遍。就管理学而言,有真才实干的领导就是好领导。

领导的真才体现在何处?当然体现在做人、用人与管人等三个主要方面。但领导做人可不是一个小问题。美国著名领导学家特鲁尔说:"在现代管理过程中,领导已不是一个非常狭隘的概念,而是一种全面素质的综合表现,其中他的做人之道犹如一面镜子,起到中心的作用。"这就是说:领导千万不要对做人之道疏而不行,一定要把其当作树立自己形象、品牌的一面镜子。这是第一个问题。

第二个问题:领导还必须善于用人!一个不善于用人的领导能够干什么?自然是常陷入"孤家寡人"的尴尬之中,找不到得力助手,难以成事。领导是将是帅,人才是士是兵;无后者就无前者,而前者可从后者中造就出来。两者一体,才可以讲谋大事之道。善于用人的领导,其身边总是人才济济,在每个关键点上都有独当一面的重兵。

第三个问题:领导必须管好人;只有管好人,才有章法可言,才有制度可依,才有效益可抓。人是最难管理的,但管人又是一项必须要做的事;否则就根本谈不上称职的领导。难怪有人说:智慧型的领导是最谙管人之道的。

有了上面三个问题，理所当然地要讨论一下领导力具体的实施办法。这也是本书的重点！

本书认为，成功的领导应当掌握三策：

做人之策，是领导做事的第一定律：主要包括领导的能力控制、强化心理、联通水平、交际功夫、进退策略、防算战术等，其核心是领导一定要全面地透视自己，通过与"人"打交道的各个环节来提高自己的做人能力，以便更好地展开工作。

用人之策，是领导谋事的黄金法则：主要包括用人到位、观人角度、恰当原则、调动本领、安排技巧、合成智慧、减失措施，其核心是能用尽自己身边的所有人才，给他们位置，锻炼他们，让他们最大限度地发挥潜力，另外，还要减少用人环节的失误。

管好人之策，是领导成事的看家本领：主要包括掌权手法、协调本领、解难心计、应对手段、批评方略、表达艺术等，其核心是领导要用自己的智慧，把上上下下拧成一股绳，让每位员工都能在"工作流程"中释放智慧和能量！

本书集中反映上述三策的必要性和可行性：

善于做人的领导，以赢得人心为第一；

善于用人的领导，以挖尽人才为第一；

善于管人的领导，以全听指挥为第一。

三者兼而有之者，就是最高明的领导！

目 录
CONTENTS

▶▶ 一　做人
领导做事的第一定律

领导做人不是一个可有可无的小问题，而是关系其自身是否能有效地开展工作的大问题。美国哈佛大学著名领导学家英克尔在《领导之智力》一书中说："做人的艺术，是每一个善于领导他人的人都必须要修炼的，因为其中包含着其全面的素质和能力。"有些领导并不重视做人之道，误以为自己总是高人一等，可以用命令代替一切，结果是可想而知的。真正能让人钦佩的领导一定是把做人与做事合为一体，方方面面考虑周全的，能把"领导即做人"的第一定律发挥到淋漓尽致的程度。

二 用人

领导谋事的黄金法则

领导用人的法则事关重大，难怪天下谋事之道都是以怎样利用人才为大要的。这说明用人问题是任何一名领导都不能忽视的。我们常佩服有些指挥艺术高超的领导，调动其下属的时候能把他们放在恰当的位置上，让他们闪光放热，为公司或单位增加才智。大家知道，用人与怎样用人是两个问题。一名优秀的领导只有自己重视人才，才能发现人才，才能任用人才。这是领导谋事的黄金法则。离开这一点，即使有再多的千里马，也可能没有一匹真正驰骋疆场的良马。

▶▶ 三　管好人

领导成事的看家本领

领导管人手法多样，可从宏观控制，也可从微观入手，总之，让自己的下属都能按照章法办事是最根本的。一般来讲，管人之道绝不能简单化，不能仅凭领导意志制约下属，而是要把工作做到下属的心中去，让他们自觉自愿地奉献自己，这样才能发挥最大作用。聪明的领导管人，能够既让下属感到威力，又能让下属感到可信，这样就让下属避免了"领导高高在上"的心理，从而能放手做好本职工作。当然，领导管人还需要抓人心，必须具备指东打东、指西打西的看家本领。

一　做人

领导做事的第一定律

领导做人不是一个可有可无的小问题，而是关系其自身是否能有效地开展工作的大问题。美国哈佛大学著名领导学家英克尔在《领导之智力》一书中说："做人的艺术，是每一个善于领导他人的人都必须要修炼的，因为其中包含着其全面的素质和能力。"有些领导并不重视做人之道，误以为自己总是高人一等，可以用命令代替一切，结果是可想而知的。真正能让人钦佩的领导一定是把做人与做事合为一体，方方面面考虑周全的，能把"领导即做人"的第一定律发挥到淋漓尽致的程度。

做人之策，是领导做事的第一定律：主要包括领导的能力控制、强化心理、联通水平、交际功夫、进退策略、防算战术等，其核心是领导一定要全面地透视自己，通过与"人"打交道的各个环节来提高自己的做人能力，以便更好地展开工作。

▶▶ 强化心理：越过硬就越坚定

领头的四大心理

　　领导，即领头者。对于一个大公司的管理理念，领导者不但自己要悉心明确，还要使之昭然于全体员工和社会人士，得到他们的认同和支持，这样才会使自己获得更多的成功机会。这是公司达到目标的一种方法。相反，领导们如果漫无目的，则只会导致员工们各自为政。

　　俗话说："群雁高飞靠头领。"领导者要在经营单位时立足于不败之地，除了要有正确的、肯定的经营理念，更重要的还在于具有以下四种必备的素质，因为它们是领导艺术的基础。

　　（1）要胸怀宽大，有容人之量

　　一个公司的领导如果有容纳别人错误的气度，便可以助长员工们勇于尝试的信心，激发他们的创造热情，从而为公司带来更大的效益。世上没有总是顺顺利利的事情，任何业务上和人事上的不利，领导者都是应该忍耐片刻，思谋而后动。如果对员工们的一些小错误或失误，动不动就大发雷霆，使员工们羞得无地自容，便会吓坏了他们，在以后的工作中，他们会不求有功，但求无过，企业也就会因此缺乏向前向上的发展趋势，进入呆滞的运行状态。

（2）办事果断，有决断力

身居企业高位的领导应该坚毅果断，气度非凡。做事婆婆妈妈、畏首畏尾、效率低下，都会影响领导者在公司中的形象。在有些公司中，领导迟疑不决，不敢做出果断的决定，一件事情一拖再拖，拖后又推，不但员工们不能心服口服，于公司的管理利益来讲也十分不利。办事果断、有决断力是领导者的素质，也是领导者的风范。

（3）要不屈不挠，有意志力

只要看清了前面的路，认准了，就不要理会四周的任何压力和阻挠，而应一往无前，不怕任何失败。作为企业领导也应该是这样。例如，在推行一项新政策时，不能畏于压力和障碍就裹足不前；实施一项新的方案，不能因为目前的困难而轻言放弃，更不能花言巧语地为自己的坏行为做粉饰。有意志力的领导通过行动将之表现出来，行动是企业管理的有效要素。

（4）要有勇气

如果说活力表现着人们的精神面貌的话，勇气则体现出追求进取的气魄。"智者不惑，勇者不惧，诚者有信，仁者无敌。"公司领导身居众人之首，没有勇气，则不能领导员工，不能扩大经营和开拓业务，当然也就无法表现出自己的领导才能。自古狭路相逢勇者胜，不论在激烈的商战中，还是在互不相让的谈判桌上，或是在企业的管理中，勇气总会给领导增添一股气势，使对手畏怯。只有具备无畏的勇气，领导艺术才能在管理中得以尽情发挥，领导才能领好头！

以冷静的头脑对待危机

领导的头脑必须在任何时候都冷静，才能不犯错误，才能应对危机。

一旦面临危机、遭受失败，无论影响有多么严重，领导都要正视现实。应该说，危机与失败对人的心理冲击往往是很强烈的。领导面对危机与失败的第一个考验就是对心理冲击的承受力。据心理学家分析，人在遭受挫折打击的时候，常见的心理包括震惊、恐惧、愤怒、羞耻、绝望等。这些都是极为不利的心理因素，如果陷于心理挫伤的泥坑里面不能自拔，那就会在失败中越陷越深，以至走向毁灭。所以，要警惕这些失败心理的影响。面对危机与失败，要有正确的认识和健康的心态。

面对危机最重要的是要保持沉着冷静，处变不惊。古人说："安静则治，暴疾则乱。"如果心里先慌了，那么行动必然要乱。只有冷静沉着，才有可能化险为夷，转危为安。下面的事例可以说明沉着冷静在危急时刻的作用。

在印度一家豪华的餐厅里，突然钻进一条毒蛇。当这条毒蛇从餐桌下游到一个女士的脚背上时，这女士虽然感到是一条蛇，但她未慌乱，而是一动不动地让那条蛇爬了过去。然后她叫身边的侍童端来一盆牛奶，放到了开着玻璃门的阳台上。一位一起用餐的男士见此情景大吃一惊。他知道，在印度把牛奶放在阳台上，只能是引诱一条毒蛇。他意识到餐厅中有蛇，便抬眼向房顶和四周搜寻，没有发现。他断定蛇肯定在桌子下面，但他没有惊叫着跳起来，也没有警告大家注意毒蛇，而是沉着冷静地对大家说："我和大家打个赌，考一考大家的自制力。我数300下，这期间你们如能做到一动不动，我将输给你们50比索；谁动了，谁就输掉 50 比索。"顿时,大家都一动不动了,当他数到 280 个数时,一条眼镜毒蛇向阳台那盆牛奶游去。他大喊一声扑上去,迅速把蛇关在玻璃门外。客人们见此情景都惊呼起来,而后纷纷夸赞这位男士的冷静与智慧:如果不是这一招,此间肯定有不少的脚要乱动,只要碰撞到眼镜蛇,后果便可想而知了。他笑着指指那位女士说:"她才是最沉着机智的人。"

这个故事中的女士和男士很值得领导学习。当单位面临危机的时刻,同样需要这种沉着冷静的心理品质。人在危急时容易恐惧、紧张、行为失措。而一旦冷静下来,你的智慧就会"活转"过来,帮你寻找到摆脱危机的办法。

要做到沉着冷静,就要摆脱和消除面对危机时所产生的急躁不安、焦虑或紧张的情绪。混乱、捉摸不定以及缺乏驾驭局面的自信心,是引发焦躁的原因。所以,摆脱焦躁的方法就是认清危机情势,找到解决办法,强化心理素质。

胜利永远属于自信者

领导必须要有自信;没有自信的领导将会失败。这一点不用怀疑!

据说只要拿破仑一上战场,士兵的力量可以增加一倍。军队的战斗力大半来自士兵对于其将帅的信仰。将帅显露出疑惧张皇的情绪,则全军必会陷于混乱、动摇;将帅的自信可以加强他部下健儿的勇气。

人的各部分的精神能力像军士一样,也应信赖其主帅——那不可阻遏的"意志"。

对于个人而言,有坚强的自信,往往可以使得平庸的男女能够成就神奇的事业，成就那些虽则天分高、能力强却又疑虑与胆小的人所不敢尝试的事业。

你的成就之大小，永远不会超出你的自信心的大小。拿破仑的军队决不会爬过阿尔卑斯山，如果拿破仑以为此事太难的话。同样，假使你对于自己的能力存在严重的怀疑和不信任，你一生中就决不会成就重大的事业。

不热烈坚强地企盼成功而能取得成功，天下绝无此理。成功的先决条件就是自信。

河流是永远不会高出其源头的。人生事业之成功亦必有其源头，而这个源头就是梦想与自信。不管你的天分怎样高，能力怎样大，教育程度怎样深，你的事业上的成就总不会高过你的自信。"他能够，是因为他认为自己能够；他不能够，是因为他认为自己不能够。"

建立自信心是成为一名高效领导者的良好基础；几乎所有高效的领导者都很自信。

假设你是一个公司的经理，而现在正谣传说这个公司濒临倒闭。在一次全公司的会议上，总裁哭着说："对不起，我在危机中无计可施，我觉得我无法使公司摆脱困境。或许你们当中有谁能试一试，扭转公司的局面。"在这种情况下，雇员们会有一种不安全感，人们都会忙着去找新的工作，而无法把注意力集中在现在的工作上。因此，每个人都希望总裁能在危机面前表现得更加有信心。当然，如果总裁行为傲慢或者轻视危机，员工也会感到不安全。

在大多数情况下，表现最佳的领导者拥有足够的自信心来掌管事物，并消除大家的疑惑。

培养并发展自信心是改进领导能力的基础。自信心与领导艺术是相辅相成的。如果人们接受你为领导者，你的自信心就会增强。反过来，你的自信心愈强，你愈容易被接受为领导者。

自信心很重要，还因为它能使你更加坚信自己办事的能力——这被称为自我功效。有强烈自我功效感的人表现极佳，他们也为自己设定崇高的目标。自我功效可以使领导效率提高；有自我功效的领导者相信工作是可做好的。结果，这些领导就会鼓舞他人完成一项艰巨的任务——开发新的市场。

▶▶ 联通水平：成为上级的好助手

吃透"体谅法则"

中层领导如何体谅上司呢？对上司来讲，能够正确地抓住上司对其下属的期望而予以迎合的人，是位"有用而可靠的人"。若把上司对下属的期望分为一般的期望和个别的期望两种，就比较容易理解了。

一般的期望将因下属本人的立场而有所差异。

某人进入某单位的第一年中，如果能够有条不紊地完成上司布置的工作，工作完成后，上司又没有其他可交办的事情，在这种时候，上司往往期望他能积极主动地提出工作要求，比如说："有什么要我做的事吗？"

经过两三年后，某人已经完全熟悉单位的情况，能够顺利处理本身的业务工作，这时，上司就会期望他能够在自己的工作中有一些创意，或向前辈、上司提出一些改进工作的方案等。一句话，希望他更深入地参与工作。

到第四年，某人已具有足够的经验，上司就会希望他能够按照指示的目标和方针去思考实施的顺序，进而具有筹划和付诸实施的能力。

如果这个人进入单位已超过 10 年，即将升任某个部门的主管，那么，上司就会希望他能够站在比他自己更高一两级的立场去思考问题，并有能力把眼光放大，带动周围的人去实现自己的想法。更因他的地位负有代理上司的职责，所以，必须体会上级的意思，主动协助上司工作。

当然，以上的区分很笼统，各人应视自己单位的情况而定。

至于个别的期望，即牵涉到直属上司在特定时刻的期望，就应掌握以下重点。

第一，上司对下属的期望往往因上司的工作态度和想法而有所不同。

凡事都小心谨慎的上司觉得目前的工作能够按部就班地进行就已满足，下属若不断地提出问题或要求，将与上司的期望相背。如以报答上司的期望来说，此时宁可切实做好交办的事情，不要有兴风作浪的举动。

当然，仅仅默默地顺从上司的旨意，是无法促使上司采纳你的意见的。从推动上司使事情做得更好的角度出发，这是无所作为的做法，对上司也毫无益处。必须努力设法采取突破现状的行动，然而此一想法固然不错，却与上司不希望有所作为的期望不符。有冲劲的下属也许会觉得不耐烦，但是却急不得。重要的是懂得该如何和何时兴风作浪，也就是应如何提建议。

第二，上司的个性不同，其对下属的期望也有差异。

一般来说，技术干部出身的上司大多喜欢按部就班，因此对程序的要求非常严格。对于规定的程序，即使是芝麻大的事情，如果下属不遵守，他必定会找毛病，致使有些下属讨厌他并采取敬而远之的态度。其实，只要了解他的个性，反而容易掌握他的期望。某位下属的上司就是这种类型的人，有一次他的上司要求他提出业务改进方案。他将现状过滤后，提出了一个自认为非常好的方案。他觉得："再没有比这个更好的方案了！"

于是，他非常自信地把这个方案交给了上司。可上司看后却说："哼，不论任何情况，方案必须有两个以上，才能够比较出优劣来。从头再做一通吧。"

他的上司断然将他的方案驳回来。虽然他的上司也认为这是个很好的方案，但是，一向做事谨慎的上司认为要有两个以上的方案才符合他的期望。

该上司的做法看似过分苛求，可也有他的道理。只要领会出这个要点，再附提一案，就不难迎合他的期望。

第三，上司对最高阶层的方针的理解程度不同，间接地对其下属的期望也就有所不同。

若"提高服务品质"是某单位最高层本年度拟定的工作方针，那么，作为下属就要先看自己的顶头上司对此所持的态度；如果你能知道上司的态度，也就等于掌握住了上司的期望。

以上是探索上司期望的三个要点。但是，上司不一定会直接说出他的想法。通常，越是高层的上司，其说出来的话越具暗示性，亦即较抽象而不具体，你必须自行补充才能领会。如果自以为是地去理解，就很容易造成错误，因此，凡不明白的地方应该问清楚。

（1）要当场问清楚何事、何时和在何种情况下等，不要留下不清楚的地方。

（2）如果你认为语气可能变得不自然，可把你的感受讲出来："我这样理解你的意思，有没有不妥？"以求确认。

（3）如果你认为不适于当场发问，就选择其他时机，但是要尽早；如果拖延太久，上司会认为你没完全了解。

合理运用相处哲学

中层领导与上司好好相处的方法万变不离其宗，简言之，有以下三个宗旨。

（1）客观地衡量一下自己在公司的地位。雇主与雇员之间的关系永远建立在互利互惠之上；问问自己有什么利于公司的长处，尽量在这方面大大发挥，不要卷入是非圈子里。

（2）无论何时何地，都应帮助上司解决疑难，尽自己所能把事情做好。

（3）在适当的时机，说合适的话，做合适的事情。

英国著名职业顾问赛恩博士说："首先你要消除成见，不要以为上司故意针对你。须知道上司对你根本谈不上什么深入的认识，他又怎样会专不喜欢你？他们可能对所有下属都是如此，你应该学习与上司相处，慢慢让他发现你的优点。"如果你觉得上司不喜欢你，以下是一些建议。

（1）耐心寻找上司的特点，以他喜欢的方式完成工作。不要逞强，更不要急于表现自己。

（2）随时随地、抓紧机会表示自己对他忠心耿耿，永远站在上司这一边。

（3）以你的态度说明一个事实：我是你的好朋友，我会尽己所能帮助你。如果你真的努力这样做，他看在眼里，一定会很明白你的意思，对你日渐产生好感。

（4）听到公司有什么谣言或传闻，不妨悄悄地转告上司，以示你的忠心。不过，你的措辞与表达方式须特别注意，说话简明、直接最为理想。比如你告诉上司："我不知你有没有听过这消息，不过，我想你会感兴趣的……"

（5）如果你正为与上司相处的问题而烦恼，觉得对方总是批评你的工作，不管你如何努力讨好他，对方依然不断找你的麻烦，请不要生气。与难缠的上司合作须讲求一点技巧。首先，你要想想你的上司是否有以下具体表现：

①他要求你事无大小都要向他报告？

②他喜欢把烦恼闷在心里，在大家冷不防的时候，却一一把它们提出来或以此责备你？

③对于同事之间的纠纷，他表现出漠不关心的态度？

④他习惯随意而为，没有理会到工作完成之先后次序？

⑤他无法接纳人家的意见，却要求你事事附和他的主张？

⑥他是一个小题大做的人？

⑦他习惯斤斤计较，很注意小节上的问题？

⑧他是否自以为是，目中无人？

如果你的上司有上述表现，你与他相处的时候，应注意采取以下的态度：

①不要总是发出怨言，也不要责怪任何人；

②时常提醒自己，你要表现出一副希望与他积极解决问题的态度；

③如果你的上司之上仍有上司，你不妨把自己的难处告诉后者，向他寻求帮助；

④让上司明白一个事实：你是很认真与他讨论问题，盼望找出解决的方法来。

如果你遇到以上问题，又无力自我解放，无法快快乐乐投入工作之中，你要告诉自己一个事实：凡事都有好坏两方面，你是否忽略了上司的长处？以下是一些忠告。

①扪心自问：是不是有一些自己不懂得如何处理的事，必须依靠上司才能面对？

②上司对于日常工作的小节上，可能表现出很可笑的样子，但他的心思意念会不会放在其他重要的事情上？如：筹集发展的基金，对外开拓新市场等等。

③客观地想想他曾经达到的辉煌成就，或许你会发觉他并不如你想象中那么无能。学会欣赏对方的长处，是达到合作的第一步。

④"家家有本难念的经"，你的上司是否也有难言之隐？他可能也要取悦自己的上司，很多事情都是身不由己的。

⑤假如上司真的是敷衍塞责，不要因此而一味抱怨，相反，这可能是一个自我表现的好机会。上司恶劣的工作态度正好突出你的长处，或许因此而得到上级的赏识，平步青云。

界限明确是第一位的

中层领导究竟能否为上司承担责任呢？一般讲，别人一时有难，伸出你的援助之手拉他一把，确实是应该的。但要把这样做的后果想清楚，不能什么事都无条件地承担，不管他是什么人。同时，帮忙应避免以下情况。

（1）不要"背黑锅"

一家公司出了一桩严重的事故，上级部门要来追查责任。负责人对下边的人恳求说："你们就说那天我有事正好不在，是你们自作主张，只要我免于处分，我自有办法保护你们。"

有几个下属竟然同意了。他们各有各的想法。有的认为，头儿对我不错，关键时刻不能出卖他。有的则想，这是大伙儿的事，也不能叫头儿一人承担；他倒了，我们也没个好，不如先保下他再说。还有人认为，头儿要我们保他，不保也不行，保就保吧。

这种替上司"背黑锅"的行为是十分危险的。

一般而言，有关工作的指示和命令是由上级发出的，下属只是执行而已。照理说，责任是在上级。

希望通过帮助上级逃避责任来解救自己，是十分幼稚的想法。责任是大家共同承担的，好比好多人抬一块大石头，一个人扔掉了，另一个肩膀上只会重点儿而不可能轻点儿。

这是显而易见的。只有大家共同来承担责任，每个人所得到的才是应该属于自己的那一份。

事情有大小，责任也有轻重。有的下属习惯于替上级"背黑锅"，万一受到严厉的惩罚，再后悔就来不及了。

为了防患于未然，作为下属，平时就该对工作的责任界限分辨清楚，各办其事，各负其责。

不要以为替上级"背黑锅"将来总会有些好处。"好处"应该是光明正大地争取来的；用"背黑锅"的办法去换，既不光彩，也未必合算。或许，上级能给予你的好处比起你"背黑锅"所受的损害，只有百分之一。

所以，如果有人来求你，让你替他分担责任时，你一定要搞清这种责任的性质，不可随便答应，以免后患。

当然，这种情况毕竟是少数。在日常生活中，人与人之间请求帮忙的事儿像这么严重的毕竟不多，大多是鸡毛蒜皮的小事。但事情无论大小，都应小心对待。为人处世，首先要懂得自我保护，使自己的利益、名誉等不受损害。遇到以下几种情况必须积极为自己辩解开脱，千万不可轻易"背黑锅"。

①如果是一些十分重要的恶性事故，是某种造成较大的经济损失或政治影响的事故，则不管怎么样，都应该据理为自己申辩。这里已经不存在情面和技巧的问题。如果你仍然为顾全上级的面子而把苦果往自己肚子里吞，其后果是不堪设想的。

②遇到涉及触犯国家法律的事情，也应该毫不客气地、实事求是地进行有力的申辩。在这种情况下，如果你还要为上级或某人掩饰，就只能是害了自己。而且，在法律面前，谁也不可能徇情保护你，不要寄希望于那些虚假的承诺。

③如果是其他人为了推卸责任而往你身上栽赃，或者是有人对你有意见而故意向上级打小报告，陷害你，那么，你完全可以进行申辩，以有力的事实向上级证明你的能力和忠于职守，并揭露那些心术不正的人的种种诡计。否则，你只能吃哑巴亏。

（2）不要被人"当枪使"

在人生道路上，不管干什么事情，都要与各种人相处，尤其是涉世不深的年轻人，更要善于辨奸识忠，从自己身边人的言行举动中，辨识出忠奸。否则，被虚假的现象所迷惑，良莠不识，就会无意中被别有用心的人所利用，悔之莫及。

大凡被人当枪使的人都有这样或那样的致命弱点：或分析能力不够，辨别是非的本领较差；或抵制力较差。这些人往往处于被动地位。那些处于主动地位的人（"借枪"的人）往往躲在暗处，操纵或者指挥这些"当枪的人"按他们预定的指令去执行每一个程序，其结果往往是"借枪"的人借"当枪的人"的手和嘴，去办他们极其想办而不便抛头露面的事，说极其想说而不便站在明处去说的话，找个替身去冲锋陷阵，既能保护自己，又能达到目的，一举两得。

我们并不是生活在真空之中，我们的周围充满着这样或那样的矛盾。我们与他人在这样或那样的矛盾中相处，只不过有时矛盾较为突出，有时矛盾却不那么明显罢了。在单位，谈到分房、评职称、晋升、出国进修等等问题上，无不集中了这样或那样的矛盾。

（3）不要管闲事

"事不关己，高高挂起"固然不好，爱管闲事也容易"落不是"。所谓"管闲事"就是管了别人不需要你管的事。

管闲事与管"应当管的事"最大的差别，在于对方愿意接受的程度有所不同。

中国有句古话说："各人自扫门前雪，哪管他人瓦上霜。"剔除千百年来人们加给它的种种关于自私自利的理解，实际上倒是比较容易了解人际关系应对的微妙之处。

管所当管与"管闲事"之间的确只有一步之遥。

在我们的生活中，有许多人受盲目的"热情"所驱使，根本不知道他们该管什么，不该管什么；他们的"热情"便常常为人们避之唯恐不及了。

有个朋友交际非常广，性格好动外向，为人热情开朗，可是口碑却不大好，因为她热衷于为他人的感情之事费尽心力地做调解。

就是这位朋友，一听说朋友圈中有哪对男女感情陷入僵局甚或亮起红灯，往往不请自到，自愿到人家那里充当说客，弄得人家理她不是，不理她也不是，结局总是不欢而散。

这就叫"好心帮了倒忙"，更主要的是，在其间容易被人利用。

与上级相处的十条准则

事实上，每个中层领导都有可对自己的工作、心理健康和地位产生影响的顶头上司。对中层领导的未来而言，与自己的上级保持良好的关系或许是至关重要的。下面便是让中层领导做到与上级关系和睦的十条准则。

（1）认真听上级讲话

我们大部分时间仅佯装在听。下属都太过忙碌于对来自上级的赞成或反对示意，或者过于忙碌于拟定对上级的回答，以致不能听进上级正在讲的东西。有效地听不仅意指要听上级讲的话，而且意指要领会上级讲话的寓意。这就是说，要娴熟地概括出他说的意思，并理智地做出自己的反应。要克服任何紧张，全神贯注于上级讲的话，做到有眼睛接触但不凝视，并做好记录。在上级讲毕，你即停止记录，显示自己正沉思于他所说的话。你可提出一两个问题，以澄清一些观点，或者你可简要小结他已说的内容。

（2）讲话要简明扼要

时间对上级来说是最宝贵的东西，因此，下属与之讲话做到简洁是非常重要的。当然，这并不是说把大量情况滔滔不绝地快速讲完，而是说要有选择地、直截了当地讲清楚。

（3）提供方案供选择

下属要向上级提出各种可能的方案，包括这些方案的长处和短处，以供上级抉择而不能仅提出某个具体措施或行动步骤。这是美国前国务卿基辛格最喜爱的一个忠告。这种方法既容许上级去做最后决断，也逼迫下属更全面、更透彻地去思考问题。显然，其结果对下属和上级都有利。下属决不要当即拒绝上级提出的建议，因上级可能了解该建议中的合理方面，或者他并不厌烦听取下属的意见。如果下属最终不赞成上级的建议，可借助提问来否定，如："我们能在不出现许多混乱的情况下作出改变吗？"或告诉上级别人也可能产生异议，如："人们可能对它抱怨不止。"以这些方式来提出自己的反对意见。如果下属能表明自己的异议是建立在上级不了解的事实基础上的，那效果会更好。

（4）独立地解决难题

独立处理手中的难题，将有助于下属提高工作能力和发展交际关系，也将提高下属在上级心目中的位置。下属不要害怕向上级讲出坏的真情（尤其是委婉地讲出）。从长远观点看，愿意并温和地指出"皇帝什么衣服都没穿"的下属，比只知阿谀奉承、怂恿上级做出蠢事的人好得多。

（5）维护上级的声誉

这点是与上级搞好关系的关键。下级要向他人讲上级的长处。下属不要等到在上级出席的某会议上才提供新情况，而要及时向上级通报各种信息，事先告诉他各种事实，由他在会上通报新情况。为维护上级的声誉，下属有必要把自己的一些思想成果奉献给他，以提高其威信。某名人说过："一个人只有甘愿为别人的声誉作出牺牲，他才能在世上慷慨行善。"当你的上级显得光彩时，你也将显得光彩；当你的上级的声誉得到提高时，你提高自己声誉的机会也将来临了。

（6）乐观和富有信心

有作为的上级通常是乐观主义者，他们爱在自己下属中寻觅知音。自信不是一种纯策略，而是一种态度。一个出色的下属极少使用像"困难"、"危机"或"挫折"等词语；他把艰难处境仅当作一种"挑战"，并敢于制定周密计划，迎接这种挑战。在和上级谈及你的同事时，你要多讲同事的优点，而不是缺点；这将帮助你巩固自己作为一名工作人员的地位，也将提高你作为一个善于待人者的声望。

（7）早上班按时下班

从事艰苦工作要有热情和献身精神，以激励他人和赢得上级的欢心——因为你毕竟为他工作。下属应做到提前上班和按时下班。这样你将显得精神抖擞，而不是疲惫不堪。此外，提前上班意味着"我急切盼望工作"；延缓下班则意味着"我不能完成工作"。

（8）信守诺言不虚伪

上级会原谅自己下属的缺点，只要他们表现得足够坚定，但上级不会谅解反复无常的下属。如果你表示出自己胜任某项工作，但你又不尽力而为，那上级将对你的可信性持怀疑态度。如果下级发现自己不能演讲的话，就要尽可能提醒上级注意。这比以后上级自己了解此事将带来少得多的烦恼。管理学顾问威廉·迪兰尼写道："在他人眼里，一个人犯下诚实的过失，比他的话不足信要好。"

（9）了解和熟悉上级

下属了解自己上级的经历、好恶、工作习惯、单位历史和奋斗目标是非常重要的。如果上级是一个体育迷，那要他在其所崇拜的运动队受挫后的第二天清晨去解决某重要问题，就是不明智的。精明的上级赏识那些熟悉自己、并能预知自己心境和愿望的下属。

（10）不与上级太亲热

了解你的上级，并不是指与上级的关系过于亲热。在单位里，你和上级的地位是不平等的，而亲密的关系意味着平等——这通常带来危险的后果。上级可能改变对你的信任，也可能以后追悔对你的信任。他可能向你提出过分的要求，这样，你独立思考和行事的自由权被剥夺了。下属与上级保持过于亲密的关系，还可能招致同事的不信任。在单位中，任何人把自己的立足点扎在与上级维持亲密关系的基础上，都将是脆弱的，极易被摧毁。下属绝不要把维持与上级的和睦关系看作是压倒一切的东西，以致妨碍你的工作能力的发挥。下属为上级做的最好的事情就是尽职尽责。

此外，保持与上级的融洽关系，将使你和上级双方在为所有人谋利和赐福的过程中，变得更富有成效。

▶▶ 交际功夫：赢得人缘是第一位

人缘中有力量

伯克尔《领导学》中有这么一句话："你作为领导能否成功，人缘的好坏正是关键所在。"这句话确是至理名言。在工作中，并不是光靠自己的力量单打独斗就可以了，还必须综合各方面的力量，才有可能获得成功。因此在交涉前，你必须先解决的问题是：自己该与什么样的人交往，并与其发展什么样的关系？然后，你再考虑如何进一步去利用这种关系。

可以说，能否建立良好的人际关系，不仅关系到你交涉成功与否，而且还是判断你交涉能力的重要依据。

在我们身边，有许多资源可供我们随意使用。

人事资料便是一项。此外，其他资料档案、记事本、录音机、无线电话、随身听、闭路电视、录影带、照相机、电脑以及各种文具用品，相信你只要朝办公室周围张望一下，马上可以列出这样的一张表来。如果上述用具你都添置下来，可能有些暂时对你没啥用处，但有朝一日，当你需要用它时，其效率不知要比你原来所想的高出几倍。

如果你能善用这些工具来发挥自己的长处，弥补自己的缺点，那么，你的交涉能力必会大大增强。

有一位佛学造诣很深的方丈在书里这样指示我们：

"所谓禅，是修证到极点的意思；所谓修，就是达到'修业'的一种方法；所谓证，就是到达'觉悟'的一种境地——此即修业的结果。而'修业'就是悟道的意思。"这句话最主要还是告诉我们：凡事都要循序渐进。

名扬四海的棒球选手王贞治能够击出800多个全垒打，最重要的意义并不在其辉煌的成果，而是在他获致成功的过程中所采取的步骤——也就是他毫不懈怠地苦练，这一点，他本人也认为是成功的最主要因素。

在英文里头，braintrust 是"智囊团"的意思，其存在的目的就在于增进你的智慧。美国前总统罗斯福在位时，曾实行所谓"新经济政策"，而他的经济参谋团就称作 braintrust——其在国家实行计划经济或战时经济上，占有非常重要的地位。至于在平时，我们可以把它当作"私人或者团体的核心顾问"。

人事资料就是你的"智囊团"，因为通过它可以增进你的智慧、强化你的交涉能力，使你顺利完成人生的使命。

人类的思想常在不知不觉中转变，所以，一个"才力"充足的智囊团，对自己是有很大影响的。不管是什么人，只要看他是否有属于自己的智囊团，就可判断其事业成功与否。

所以，一个人应该从自己日常的交往中去充实人际关系，并充分发挥"智囊团"的功能。尤其是一个与人交涉甚多的人，更应该格外注意。

这样，当自己有紧急情况发生时，也才可以从容地派上用场。

切勿让情绪左右你的交际

人的需要、心愿在和客观事物发生各种相互作用时，就产生了情绪。作为领导，切勿让情绪左右你的交际！

情绪是和人的追求联系在一起的。我们必须学会选择快乐，抛弃烦恼；学会控制情绪是一种必需的心理整合，是获胜的要诀之一。学会控制情绪也是获取他人赞美的因素之一。

失败了，流泪了，掏出了手绢，但最终抑制住自己的伤心，同样向胜利者投掷鲜花，让人看出你的潇洒、大度，别人会接受你、赞美你、认同你。

这就是控制情绪的必要性。

首先，你必须记住，不良情绪是最危险的敌人。

当我们在追求的过程中，受到对手或周围环境的刺激或干扰时，就会产生厌恶、气愤、抱怨等不良情绪。

当我们的追求没能如愿以偿，而是遭到失败时，我们可能会对自己过去的所作所为感到后悔、自责、内疚、羞惭，对自己的前途灰心失望、信仰破灭，进而对别人产生嫉妒，甚至产生仇恨的不良情绪。

情绪的作用是巨大的。

在追求成功的道路上，最大的危险不是来自对手，而是来自不良的情绪。

一个学生往往有几门功课比较好，而另外一两门功课比较差。这时，学生本人、他的家长，甚至连他的教师在内，都认为是这个学生在这方面的天赋能力较差。

其实，主要问题在于学生对这门功课的不良情绪。

该学生一拿起这本书来，各种不良情绪先就纠集在一起，沉沉地压在心上。

他想到即将到来的考试，紧张、焦虑、忧愁、担心、烦恼一齐涌上心头；想到过去的失败，则更是灰心、羞惭、内疚；而受到师长的批评又感到委屈、抑怨……

在这样的情况下，该学生怎么可能想出巧妙的方法来解题，又怎么可能产生创作的灵感呢？又怎么可能对需要的东西看一眼就留下深刻而难忘的印象呢？

所以，要帮助一个学生改变落后的面貌，首先要帮助他分析自己的心理力量，控制好情绪。

要改变该学生对这一门课程的看法和情绪，把被动的态度改为主动的态度。否则，再花多大力气去打基础，也是事倍功半。

情绪一坏，一个人就在心理力量上解除了武装，缴了枪。别说是提高能力，就是原来已有的能力和熟练技巧也发挥不出来，甚至连饭也吃不下、觉也睡不着，正常生活都无法维持，还谈什么心理斗争、获取胜利？

我们在乒乓球比赛中，往往可以看到，一个国手一旦陷入这样一种境地，会技术失常、一败涂地。

要获取胜利，就一定要学会控制自己的情绪，学会选择快乐、自信，而抛弃烦恼、自卑和仇恨。

领导风度即要求领导要稳重大方，慎重于一言一行，遇到多大的事情也不会大惊失色，因睚眦小事引起的心理细微变化更不能显露在外表。

有些领导往往会因为下属的工作出现一点儿错误就大发雷霆，显示出怒不可遏的样子。

有些领导会因为在家里与家人发生了不愉快的事情，而把一张阴云密布的脸带到工作岗位上。

还有些领导会把工作上的一时不顺牵连到下属身上，这种无端牵连的做法在他自己看来似乎还不无道理。

许多领导在职位上，十几年甚至几十年都得不到提升，会埋怨、大发牢骚，却不想想其中的道理。

许许多多领导又常会招致大多数下属的厌恶，上司对他们也不会有好的评价，这又是为什么呢？

其中一个很重要的原因，可能就是领导对自己的一言一行缺乏应有的控制，从而常会失去领导者所应该具有的冷静、理性，任凭感情所驱使。

你是否会由于丢失了自己的钱包，因此这几天来心情都非常不好呢？是不是这几天来在下属面前还没有笑过一次呢？工作效率是不是有一定程度的下降呢？

如果由于诸如丢钱包一类的事，你就会持续一段时间陷入低沉状态，情绪缺乏稳定性，那么作为领导，你又如何处理得了繁杂的大事呢？

况且，这种情绪的易波动性极不利于你与下属处理好正常的关系。一个因为丢了钱包而整天愁眉苦脸、长吁短叹的领导，是很难在下属心目中树立起威信或风度的，下属甚至会鄙视这样的领导。如果这样，那么领导又如何带领下属去干好各项工作呢？而且，如果领导在情绪上经常出现持续的低沉状态，领导与下属在处理问题上、相互交谈中，就很可能会发生矛盾、分歧，原有的一些潜在的矛盾也会被激发，进而造成不良后果。

所以说领导者在工作中，不要让一事一物影响到自己而出现情绪的波动；即使是心理发生了变化，也万不可表现在颜面上，以免影响与下属相处。

有些领导博学多才，经验丰富，但是仿佛是命运的安排，同事、下属很少对他们尊敬、爱戴。工作上这些领导的决策可以说是英明的，但他们自身的结果却很糟糕。这样的领导直到退休或离职，下属对其都没有太大的好感。原因很简单，这些领导总是在工作中感情用事，没能很好地团结大多数下属。

如果你在办事时，总是感情战胜理性，下属就会认为你是一个很幼稚、肤浅、不称职的领导，会看不起你，从而不喜欢接触你，于是更谈不上建立良好的关系。

更有甚者，你的喜怒无常不仅影响工作，还会招来下属的忌恨，这对你来说是非常不利的。

下属对你的不满往往会使你在工作上进退维谷、寸步难行，稍有大的动作就会碰得头破血流。

如果你想干好工作，至少不被上司革职，你就要做一个心胸宽广、大度、喜怒不形于色的人。

左右逢源的四个环节

精明的领导者在疏通协调与上级、同级和下级的人际关系时，主要在以下四个环节上下好功夫，做好文章。

（1）尊重

无论是和上级、同级还是下级接触，都必须尊重对方，这是取得对方帮助和支持的前提。这种尊重不应该用语言来"表白"，而应该用实际行动来"显示"。唯有这样，才能打消对方的疑虑，使对方深受感动。当然，尊重上级，和尊重同级、尊重下属，三者之间从内容到形式都略有差异。尊重上级，随之而来的就是"服从"；尊重同级，集中表现为"合作"；尊重下属，更多地需要"肯定"和"支持"。尊重有能力、有水平的上级、同级或下属，也许是不难做到的，但是，倘若遇到的是低能的上级、同级或下属，你能照样尊重他们吗？

同样道理，尊重正确的上级、同级或下属，也许是不难做到的，但是，倘若遇到的是错误的上级、同级或下属，你能照样尊重他们吗？

一个成熟老练的领导人才，他的交往"功夫"是否到家，恰恰表现在这一点上！

（2）了解

友好相处、亲密合作必须建立在充分了解的基础上。所谓了解，就是应该尽可能周详地了解上级、同级和下属的长处和短处，并在工作接触中，尽可能使对方展其所长，避其所短，这是避免使对方感到"为难"，并能更加有效地给予帮助和支持的重要一环。

当然，了解最好是相互的。在确信对方没有"恶意"的情况下，领导者也不妨将自己的长处和短处无保留地告诉对方，以求得到对方更好的支持和配合。

（3）给予

人际交往不可避免地需要"给予"，给予什么？怎样给予？其中大有学问。

先说"给予什么"，答案很简单：给予对方最希望获得的。上级最希望下属圆满完成自己交办的一切任务，尽力为本单位争光，当然也为自己争光；同级最希望互相建立起一种携手并进的融洽关系，在亲密无间的友好气氛中进行良性竞争；而下属呢，最希望获得的当然是上级的"信任"，说得确切些，就是困难时刻的"有力支持"，受到挫折时的"热情鼓励"，以及取得成绩后的"及时奖励"。只要你给予对方最希望获得的，你就能赢得对方的心！

再说"怎样给予"，答案也很简单：按照对方最满意的方式给予，按照多数群众最能接受的方式给予。在尽力完成上级交办的任务时，应当牢记"完成任务"必须以"维护国家和民族的根本利益"为前提；在和同级"携手并进"时，应当建立一种健康、纯洁的同志关系，防止滋生庸俗、低级的拉拉扯扯作风；在对下属表示"信任"时，务必做到支持要"适度"，奖惩要"合理"，关心要"适时"。只有符合上述原则的"给予"，对方才"敢"接受，才"愿意"接受，才会感到最为满意。

（4）索取

在人际交往中，和"给予"相对应的就是"索取"。现代领导活动很复杂，再有才干的领导者也不可能单枪匹马去开拓新局面。他必须尽可能取得上级、同级和下属的支持、帮助和合作。也就是说，在"给予"

的同时，势必要进行"索取"。于是，索取什么？怎样索取？就作为疏通、协调工作中的重要一环，摆在每个领导者的面前。

索取什么？回答也很简单：索取对方"能够"给予的，"愿意"给予的。在从事创造性领导活动时，每个领导者当然都希望获得上级的有力支持。然而，在请求上级给予支持之前，最好先了解一下，上级能够提供什么支持，愿意提供什么支持；切忌强人所难，招致被动。同样道理，当希望获得同级的密切配合时，也最好先了解一下，这种配合对同级是否"有利"，是否超出了同级"力所能及"的最大限度。在要求下级圆满完成某项任务之前，最好斟酌一下：这项任务，可能遇到哪些困难，单凭下属的力量，能否顺利完成？总之，唯有弄清对方"能够"给予什么，才能摸清对方"愿意"给予什么；而唯有摸清对方"愿意"给予什么，才能恰到好处地进行"索取"。

至于怎样"索取"，情况就比较复杂，索取的方式也多种多样。总的原则是，应该"适时"、"适度"，尽量避免使对方感到"为难"。

上述四个环节是做好疏通、协调工作的关键。

▶▶ 进退策略：求稳是做事的关键

保持适当的距离

如果你努力不懈忠于工作，在短短的几年间步步高升，事业可说是一帆风顺。有几位跟你一同起步的同事限于能力和机遇，至今仍保持多年前的原状。在大家相处之时，你总觉得不太自然，甚至有战战兢兢之感。

其实，这完全是心理作祟：你是怕自己的表现过于高傲，惹来"一朝得志"、"不可一世"的批评；但过于随和，又怕有"不够成熟"之虞。

只要把这包袱抛掉，一切就易应付了。

公事上，若他们是你的直辖下属，谨记"大公无私"的原则就是了。对他们采取一贯的态度，奖罚分明，切莫有"算了吧，大家共事这么多年"的想法。只要态度诚恳，不必怕对方会错意的。私底下，保持你们固有的关系吧，投契的就当作朋友一般看待；不合拍的，更不必刻意去改善。

要是他们并不属于你的部门，情况就好办得多，公事上没有来往，平常见了面，大可"友善"一番，不必故意去装一副疏远的模样。

只有和同事们保持合适距离，才能成为一个真正受欢迎的人。你应当学会体谅别人。不论职位高低，每个人都有自己的工作范围和责任，所以在权力上切莫喧宾夺主。不过记着永不说"这不是我分内事"这类的话，因为过于泾渭分明，只会搞坏同事间的关系。在筹备一个任务前，谦虚地问上司："我们希望得到些什么？"或："要任务顺利完成，我们应该在固有条件下做些什么？"

也永不道人长短。比较小气和好奇心重的人，聚在一起就难免说东家长西家短。成熟的你切忌加入他们。偶尔批评或调笑一些公司以外的人，如艺人，等，倒是无伤大雅；但对同事的弱点或私事，保持缄默才是聪明的做法。记着，搞小圈子有害无益。公私分明亦是重要的一点。同事众多，总有一两个跟你特别投契，私下成了好朋友也说不定。但无论你职位比他高或低，都不能因为要好之原因，而做出偏袒或恃势之举。一个公私不分的人是做不了大事的，更何况，老板们对这类人最讨厌，认为不能信赖。所以，你应该知道取舍。

用好"弹性法则"

提到"领导"，人们就会想到"管理"；一提到"管理"，人们就会想到"赏罚"；提到利益，就认为不过是定出一套严密的规章制度，然后一丝不苟地执行，这种方式就是"以不变应万变"。在一般情况下，这种方式当然无可指责，尤其在法制不健全的中国，它是企业改革的必经之路。但这种方式并不是那种包医百病的灵丹妙药。制度是死的，人是活的；规章可以不变，但情况却不断变化，这就需要管理者灵活掌握制度的"弹性"。这种"弹性企业家"就需要有"以万变应不变"的本领。

比如，有一家公司的管理者本来下令下午要加紧包装一批货物，明日发运。可是偏偏不凑巧，下午有一场精彩的足球比赛，小伙子们一个个急得像热锅上的蚂蚁，几十对眼睛可怜兮兮地望着管理者，从眼神就可以看出他们心里想的只有一件事——请假。若是按小说家的构思，结果无非是两个：第一是经理悬以重赏，发3天工资的奖金，于是"重赏之下，必有勇夫"，大家一致决定留下，心情舒畅地顺利完成任务；第二是管理者采取重罚，下午一律不准请假，不上班以旷工论处，扣掉当月奖金，于是"重罚之下，人必畏之"，大家谁也不敢走，万念俱灰，但任务得以完成。可是，这位管理者却偏偏未落俗套：他出去转了一圈，回来时手里握着一叠足球门票，宣布："下午专车送大家去看球，晚上全体加班。"于是欢声雷动，结果自不待言。承蒙管理者的一番苦心与盛情，小伙子们就是晚上通宵赶工，也要把任务完成。这位管理者显然比很多小说作者要更精明、更了解他的部下：这帮球迷，你无论是重赏还是重罚，都挡不住他们；不要说奖金，就连放弃半个月的工资他们也心甘情愿，何不顺水推舟？

在条件许可的情况下应有"弹性"。面对困境，顺应人心而灵活应变，保证了人的尊严，同时又消除了冲突，保护了上下属的沟通。

东北某城市一家公司的管理者就是这样一个"弹性企业领导"。他上任后，改变了经营策略，允许员工把产品带回家里自己装配。不管是本厂员工还是家属亲朋，只要产品达到品质规定标准，一律按件取酬。于是工人节省了上下班的时间，可以在家适当照顾家务。有人说他弄成了"香港式的家庭工厂"。不过工人们欢迎这种方式，他们的劳动积极性大大提高，工厂的劳动生产率和产品产量成倍地提高。

某市一家石油化工企业引进一套法国设备，全套管理只需员工 50 人，可是这家工厂却用了 800 人，这些"多余"的人不能辞掉，因为他们就是为解决失业问题而被硬塞到工厂里来的。于是，工厂到处都是闲置人员，工人在 8 小时之内打扑克牌、下象棋、看报纸。为了使他们有事做，自动控制系统改为人工控制，自动记录监督装置改为让工人操作监督，结果险象环生。新厂长上任后，看到这一情况，立即宣布实行 4 小时工作制，将工人分成 6 班，工资照发，多余者送出去培训，除维修等工作外，完全按设备标准分配工作。结果，生产纪律变好，产量上升，事故减少，工人高兴。这件事震动全市。既然人员多余，何必让他们在厂里白混，于公于私均无裨益；而缩减劳动时间并不影响生产，于私于公均有利。

像以上这类情况，哪怕你有铁的规章制度，哪怕你赏罚严明，也解决不了问题。公共汽车因塞车而不能动，除非车上的工人插翅飞到工厂，否则不管你加 3 倍的奖金还是扣掉所有工资，他们也免不了迟到。你不准青年员工看报、听音乐，那么就给他们工作做，否则无论是赏或是罚，他们照样闲着。这个时候，如果固执地"以不变应万变"就行不通了，只能"以万变应不变"。这个"不变"就是企业的目标。"不变"这个目标是企业、员工、个人三者利益的统一。只要有利于企业发展，兼顾了员工的利益，手段不妨灵活点，留点弹性。

让权不能随便

领导授权于他人并非一件容易的事，因为这里面很有学问。

有位老板自认为是个很开明的人。每次他向部下交代任务时总是说："这项工作就全拜托你了，一切都由你做主，不必向我请示，只要在月底前告诉我一声就可以了。"

乍看起来，这位老板非常信任他的部下，并给了部下以很大的自主权，真心希望他们无拘无束地完成自己的任务，按照他们自己的意思去做。但实际上，他的这种授权法会让部属们感到无论怎么处理，老板都无所谓，可见对这项工作并不重视，就算是最后做好了，也没什么意思。老板把这样的任务交给我，自然是看不起我。

从这个例子中我们得到的教训是：不负责任地下放职权，不仅不会激发部属的积极性和创造性，反而是南辕北辙，大相径庭。

相反，如果老板事无巨细，都要参与领导，管得过多过细也会使部下无所适从。

一位老板把当月的生产计划交给了生产部经理约翰，讲明由他全权负责生产计划的实施、人员的调配、原料的供给以及机器的使用。约翰受领任务后，很快根据生产计划对人员、机器情况做适当的安排，一切都很顺利。

一周过去了，老板来检查工作，发现本周的产量已达到月计划产量的30％，于是便把约翰叫来，责怪说："你是怎么搞的？把一周的产量定得这么高，工人过度劳累怎么办，机器磨损过度又怎么办？"

在第二个周末的工作汇报会上，老板发现本周产量较上周下降20％，又埋怨说："约翰，你是怎么搞的，本周的产量怎么下降了这么多？你要加强管理，否则计划要完不成了。"

这样一来，约翰左右不是。本来他满心欢喜，以为老板让他全权负责组织生产计划的实施，他非常有把握。可自从受了两次批评后，他不禁怀疑老板是不是真的让他负责，他感到自己徒有虚名，根本做不了主，还是稳妥点好。于从第三周起，他不再自己负责，而是请示老板应该如何安排生产。

其实，约翰的老板并不是有意插手部属的工作，而只不过是想督促一下部属，使之更好地完成生产计划，但由于他的方法欠妥，给部下造成一种错觉，认为他想亲自出马，从而导致部下失去了工作的积极性，结果工作没有取得进展，反而退步了。

可见，高明的授权法是既要下放一定的权力给部下，又不能给他们以不受重视的感觉；既要检查督促部属的工作，又不能使部属感到无名无权。若想成为一名优秀的领导，就必须深谙此道。

▶▶ 防算战术：该谨慎的一定要谨慎

防人只为不受欺

领导的谨慎心是不能丢的，因为办公司、经商实际上在很大程度上都是打人际战。对于一个成功的公司领导而言，还必须能欺人，要会防人，更能用人。

所有的商业关系都是一种合作。然而，随着时间的推移，各种新事物的产生也许会使原来非常融洽的合作关系由团结一致的利益共享而变为尔虞我诈的钩心斗角，总想使自己一方多获利甚至独吞全部利益。

商场如战场，同别人合作时你定要谨慎小心。也许合作初期双方都和和气气，谦让有度。由于这种融洽气氛的产生，你也许会警惕性全失，完全向对方暴露自己的内心世界。但是，这些信息表面上看来并不太重要，只是生活的缩影，可是有一天，也许正是这些东西将你推向不利甚至完全被动的地位。

埃米莉和戈利是同一种行业中受人尊敬的行家，颇有共同语言。他们决定利用业余时间在一起搞一个与他们所学专业有关的课题，其意义将会非常重大。随着他们把大多数的空闲时间耗费在这个非常困难的课题上，他们开始深入了解对方的生活和家庭。

一年半过后，研究快要大功告成，戈利打定主意想要独吞这项研究成果。但是合作之前，他已经和埃米莉签订了一份合伙契约，他想撕毁双方的契约。他拿着契约去找一位律师，律师说合同条款非常明确，想要违约根本不可能。戈利气急败坏，便决定从其他方面着手。

在他们闲谈之时，埃米莉曾经对戈利说自己为了逃避儿时的痛苦而染上毒瘾。于是，戈利对埃米莉说她应该放弃自己在这个研究成果中所得的权益，否则他就会把她的隐私公布于众。埃米莉立刻自动放弃了自己的利益，因为她经不住这种丑闻被公布的打击，尤其她还是一位颇受人尊敬的门诊心理医师。

埃米莉犯了两个错误。第一个显而易见，她不应该违法吸毒；第二个错误是她太低估了对方，盲目乐观，不知道对方正在玩阴谋，因而自食其果。

吉姆·布朗是美国足球史上一位赫赫有名的后卫。在一次采访中，他曾经说："多少回有人企图伤害我，但这只会使我变得更坚强。我摄取那种消极的能量，让它流遍我的全身，然后再把它扔给他们。"

平时我们讲，待人要讲诚信，处世要讲宽容。但在商业活动中决不能只讲仁义道德，只顾讲"仁义"就会忘记了自己的利益。商场如战场。你诚可对方不诚，怎么办？所以，防人之心不可无。

《左传》中记载了这样一场战争：双方交战，两国君王亲自披挂上阵。那时打仗都是用战车，行动起来颇为笨拙，而且还要有专门的驭者。一个国君的谋士建议他把对手射死，这位国君却郑重其事地说："某王，君子也，射之而非礼也。"于是只射死了对方的驭者。后来双方又一次交战，这位仁善君王被对手捉住。对手可不管什么礼与不礼，一下子就把他的脑袋给砍了下来。如果这位糊涂君王早点明白这是两国交战，恐怕也不会落得个身首异处的结果。

在日常生活中，每个人做事的方式都不同，因为他们的心理特点不一样。如果双方正在发生争吵，适当地利用战术，就能使双方都能心平气和下来。

项羽和刘邦争夺天下。刘邦谨小慎微，暗暗发展，渐渐羽翼已成，于是把队伍拉出来和项羽展开了对峙作战。只因布局不当，老窝被端，老爹也被项羽抓走了。项羽眼见着用强不太容易取胜，便厚下脸皮，拿刘邦的老爹要挟刘邦。岂料刘邦脸皮更厚，对他说："我的父亲就是你的父亲，如果你非要把你的父亲煮来吃，那么请你仁慈点儿，也分我一杯吧。"项羽终于拿他没办法，结果失败了。

在生意场上，抓住对方的心理，根据情况采取各种攻心战术，假造声势，就能使对方改变主张，做出有利于你这一方的决定。

追求女性也一样。在现实生活中，往往可以听到女性这样说自己："我真是一个没用的女人。"其实全不是这么回事。凡是说这种话的女人大都暗含轻蔑他人的意思，这仿佛就是在说："你们根本不知道我真正的优点。"这些表面卑下的女性，心里极想得到别人的称赞，以满足自己的虚荣心。如果这时你也脸皮厚一点，顺水行船，夸赞她几句，马上就能让她信服，对你产生好感。

有个非常有名的摄影师对此很有经验。他经常碰到一些故意谦虚地称自己身体线条欠佳的女演员，他反其道而行，说她们的身材非常优秀，非常出众。由于他深知她们的心理，所以很容易地就能获得她们的配合，拍出令人满意的照片。

要防患于未然

对领导者而言，管理工作中最感棘手的事莫过于公司中存有许多"公私不分"的部属了，因为公私不分的员工往往不遵循公司的规章去做事。

领导者必须以身作则，向部属显示出公私分明的态度，而且愈是小事，愈应划分清楚。

在新进职员甫进公司时，就要彻底给他们灌输公私分明的观念。如果一开始便公私混淆，极易造成部属凡事马虎的态度，公司的原则也就往往无法坚持。不应采取与部属妥协的态度，也不可做出例外宽容的行为。

在一次超级市场所举办的有关领导人才的培训研习会中，某位负责人事方面的董事这样说："坦白说，在我们这个行业中，每年因扒窃所造成的损失数字相当庞大，这是令我们深感头痛不已的问题。而我最感痛心的是，其中属于公司内员工顺手牵羊所占的比例也不小。这种严重情形就如非法的额外津贴一般。"

事实上，此种公司职员将公司所属的物品私自携带而出的情形，除了应归因于员工的贪念外，主要因素在于他们缺乏"公私分明"的意识。另一方面，由于公司的管理者往往采取小事宽容的态度，对此现象不予积极追究，致使扒窃情况愈趋严重。

由此可见，身为领导者务必坚守公私分明的原则，不可认为小事便可宽容，方能使部属保持循规蹈矩的态度。

一个人在性格或行为上的弱点以及个人的烦恼等，均足以为工作带来相当大的不良影响。

由于人性的弱点而招致的麻烦可分类如下：（1）侵犯他人而不懂得道歉，于是横生枝节；（2）动辄与人打架，致使小事变大；（3）酒品不好或酒后乱性；（4）与异性纠缠不清；（5）因利欲熏心所犯下的错误；（6）个人或家庭中的烦恼所带来的困扰。

领导者对于部属性格、行为上的弱点应予以掌握，且提醒部属多加注意自己的缺点。

对各种人性弱点应事先拟好预防及应对策略。

任何人均存有自尊心。然而，自尊心一旦过于强烈，便会演变成为固执，此种性格不但对工作毫无帮助，有时更会构成极大的妨碍。例如，许多人由于自尊心作祟，在犯错或侵害他人时，往往吝于向对方说声"对不起"，原本可能只是无伤大雅的小事，却因犯错一方的固执而使事情扩大，甚至演变成悲剧的情形也屡见不鲜。

因此，身为上司者必须教导部属学会说"对不起"，以避免在工作场所发生无谓的纠纷。

就企业方面来说，当顾客索赔时，如果错在己方，则向对方表示道歉自是理所当然，但假使对方也难辞其咎，自己最好仍暂退一步，表示"对不起"，然后逐渐让对方了解原委。要知道，对于此类事件如果处理不当，极易使情况变得不可收拾。而一声"对不起"不但往往可使大事化小、小事化无，且亦能充分显示出谦和的气度。

商场是讲求公平竞争的场合，尽管我们无惧于正当的竞争，但不可采取打架或其他暴力行为。

个人个性上的偏差及先入为主的观念往往会为自己树立不必要的敌人，并引起不必要的麻烦。领导者对于此类部属应多多加以规劝。

领导者切不可纵容部属参与打架或暴力的举动，在此类事件发生时，亦须能立即严厉地加以制止。

应经常对部属强调："对于竞争对手，要从正面向其挑战，但不可将他当作仇敌看待。"要知道，竞争对手足以造就一个人，而仇敌却可能毁掉一个人。

无论任何人，若是在工作场所或同一个团体内与人树敌，则不但会造成本身的许多困扰，工作效率也会深受影响，因此必须尽量避免与人为敌。

一般说来，部属之所以与人形成敌对立场，大致基于下列因素:（1）对某人存有成见；（2）由于无法控制自己的脾气而侵犯他人；（3）由于双方发生误会而形成敌对立场；（4）由于自卑感或优越感所造成的敌对意识；（5）由于本身的私欲过强；（6）与异性关系纠缠不清。

部属假如存有以上任何情况，则无论何时何地均有可能与人为敌，因此领导者必须对其加以引导。

许多人把业务上的竞争对手视为敌人，甚至彼此以暴力相向。事实上这是相当愚昧的行为，须知现代的社会讲求的是公平竞争，因为有竞争才能有所进步，而相互为敌不但对业务毫无帮助，且很容易造成严重后果。

不即不离，亲疏有度

领导在工作中怎样与下属不即不离，亲疏有度呢？大家知道，恋人必须保持一点距离，这样才能使魅力永恒。距离产生魅力，距离维持魅力，倒是一个"相对真理"。领导也应遵循这一点，特别是与下属相处时，更应记住保持一定的距离。当然，若距离太远，"可望而不可即"，让人"敬而远之，望而生畏"，"神圣得不可接近"，似乎也没人买账。

首先，人都有这样一种"惯性"，即"得寸进尺"，"蹬鼻子上脸"。你要是对他近乎些，久而久之，他便会由最初夸赞这位领导没有架子、工作作风好开始，进而和你称兄道弟，不分里外、上下、轻重，说不定将自己的意愿与你的指挥作一平衡，最后可能就骑到你的脖子上。比如我所认识的一位服务部的经理小陈就是与手下人打得过于火热，后来每一次分配工作，手下人竟然都要跟他讨价还价一番，搞得小陈自己相当被动。

其次，人都有"宰熟"的心理。生人或接触有限的人，因为摸不清底细，便不敢轻举妄动。没有了距离，大家相当熟络，从生活习性到特长爱好，了如指掌。根据你的喜好投你所好也好，知道你的弱点采取相应对策也罢，你每行一步都在别人的掌握中，甚至你刚"一翘屁股别人便知你拉什么屎"。如此一来，你到底是领导，还是被监控的对象，甚至被利用的傀儡？

再者，对大多数人来讲，"威严"是制造出来的，人和人能差到哪去？为什么一人必须听从另一人的指挥？就是因为他有一个头衔，这头衔便是对距离的一种丈量。人的威严从哪里来？是天生的帝王之相还是靠自身的人格、气魄、气质？大半是用拉开距离来制造。走得太近，看得太清，便容易被看轻。

所谓距离有以下两种。

一种为心理距离，即在内心保持这种意识。你所做的一切，密切联系群众也好，与群众打成一片也好，只是为了更有效地开展你的工作、巩固你的地位、维护你的权威，而不是真的你好、我好，大家忘乎所以。

另一种为实际接触距离，由接触的远近、频次来表现。离得太近、接触太频繁都是实际接触距离不当。在与下属的相处中，绝不能让他们觉得与你交往可以无所顾忌。

领导者可以一直以"与群众打成一片"的形象出现。这样下属可以比较自由地向其反映各种情绪，也可以流露一些真实情况，还可以在非正式的场合称呼随便点。但是，绝不允许他们没上下级观念，也不允许他们太过放肆。得让下属清楚，领导永远是领导，无论领导多么和蔼可亲、多么平易近人，他也是为了更方便地开展各种工作、实施各项措施；领导艺术的高明、巧妙只是从另一方面证明了他是一位领导的事实。让下属感觉到这一点，既利于自己决策的平稳展开，也在不知不觉中树立了领导者个人深入群众、深得人心，同时又有工作魄力、有业务能力的良好形象，从而为自己的仕途铺平了道路。这是领导前进之路上最有效果的又稳扎稳打的战术之一。

二　用人

领导谋事的黄金法则

领导用人的法则事关重大，难怪天下谋事之道都是以怎样利用人才为大要的。这说明用人问题是任何一名领导都不能忽视的。我们常佩服有些指挥艺术高超的领导，调动其下属的时候能把他们放在恰当的位置上，让他们闪光放热，为公司或单位增加才智。大家知道，用人与怎样用人是两个问题。一名优秀的领导只有自己重视人才，才能发现人才，才能任用人才。这是领导谋事的黄金法则。离开这一点，即使有再多的千里马，也可能没有一匹真正驰骋疆场的良马。

用人之策，是领导谋事的黄金法则，主要包括用人到位、观人角度、恰当原则、调动本领、安排技巧、合成智慧、减失措施，其核心是能用尽自己身边的所有人才，给他们位置，锻炼他们，让他们最大限度地发挥潜力，另外，还要减少用人的失误环节。

▶▶ 用人到位：让大家都不闲着

知事择人，因事用人

清代思想家魏源讲过这样一段话："不知人之短，不知人之长，不知人之长中之短，不知人之短中之长，则不可以用人。"所以，作为人事领导干部，在用人上，一定要深知人，并且要善用人。比如，对于遇事爱钻牛角尖者，你不妨安排他去考勤；对于脾气太犟、争强好胜者，你可以安排他去当攻坚突击队长；对于办事婆婆妈妈、爱"蘑菇"者，你最好让他去抓劳保；对于能言善辩喜聊天者，你可以让他去搞公关接待。

在日常的人事管理当中，如果坚持了这一原则，将使组织发挥出最高效能。

遵循这一原则，要求管理者在创造外部条件时注意以下几个方面。

（1）创造竞争条件，发挥人才的创造力。有人做过这样的一组试验：把一批志愿者分为 A、B 两组，对两组人员进行为期两个月的观察。虽然每个人都干着最适合于自己的工作，但 A 组每天吃、喝、玩、乐，没有压力也没有负担；B组则被派到一个十分险恶的环境中去完成任务。待到观察结束，发现A组人员精神萎靡不振、没精打采、思维迟钝；相反，B组人员克服了种种意想不到的困难，不仅出色地完成了任务，而且个个精神抖擞、思维敏捷。这说明因事择人是一个动态的复杂的系统工程，必须创造外部条件使人的潜能真正得以发挥，否则，不仅无法造就优秀的员工，还会给公司带来损失。

（2）创造一个宽松、和谐的环境。领导干部要对下属员工给予更多的肯定，要重能力、重实践。在日常管理中要容忍员工偶尔疏忽所做的错事，也要允许他找机会改正过错。只有这样，才有可能使企业中的员工愿意在适合自己的位置上放心大胆地发挥自己的长处，人人都愿为企业的兴旺发达而贡献力量。

（3）创造一个流动的环境。在用人问题上，不仅要做到"用其所长"，还应做到"人畅其流"。只有这样，才能做到真正意义上的"人尽其才"。流动从某种角度讲，也是缓解矛盾的一种方法，同时也促使部门管理者更加爱惜人才。员工有了更多的选择机会，才能更好地施展自己的才能，企业也会因不断地、相对稳定地"吐故纳新"，最终给企业带来活力。

人人都有可用之处

不言而喻，在现实生活中，总是能用的人远远多于不能用的人，为此，我们应当首先探讨"怎么用"，这方面涉及三种不同性质的用人行为。

首先是利用。利用是指领导者对被使用对象缺乏必要的信任感，但由于被使用对象尚有"可用之处"，他的某一专长对领导者的事业有益，在此情况下领导做出的策略性的用人抉择。

领导者为了维护自身的利益，而对一些自己并不信任的下属予以暂时的有限度的"任用"，这种任用通常具有以下特点：授予下属的职权有限，影响不了大局；使下属受到严密监视和控制；任用有一定期限，过期需要重新任命，一旦完成了使命，领导者马上可以对被使用对象弃之不用；具有一定的伪装性，使被使用对象觉察不出自己被利用；领导者与被使用者之间缺乏共同语言，双方互有戒心，又各有所求。

在用人过程中，领导者也有可能增加对被使用对象的信任，情况向好的方面转化，即由利用转为使用，甚至重用。

领导者为什么会用自己本不信任的人呢？就是因为被利用的人具有一定的才能。从这个意义上说，利用是对使用和重用的一种有益的补充，它能最大限度地开发人力资源，使领导者在组织管理中获取最大的人才效益。

在用人实践中，掌握多种巧妙利用下属的用人艺术，是每个领导者应该具有的基本功。道理很简单：并非所有的下属都值得上司使用或重用，如果不善于巧妙利用那些不能予以使用的下属，那么情况也许会变糟，这些下属也许会把时间和精力用在给上司制造麻烦上。实践证明，巧妙地利用不值得信任的下属，将帮助领导者成功地渡过一个又一个难关。

其次是使用。对于绝大多数下属来说，领导者是愿意使用他们的。使用是用人抉择中最为普遍的一种用人行为，它是指领导者对被使用对象具有一定的信任感，被使用对象自身又具有一定的德才素质的情况下，领导者做出的一种平常的用人抉择。领导者的这种用人行为通常具有以下特点：职权相对稳定；感情因素不占支配地位；理解程度不深。

最后是重用。按照人们通常的理解，只要领导者将某个下属放在最显赫的位置上，授予他最重要的职权，这个下属就可以说受到了他上司的重用。

在领导者的用人行为中，重用是一种具有战略性的用人抉择。被重用者德才素质的优劣，往往决定了一个管理系统的兴衰成败。重用得对不对，通常会对事态的发展产生极其重要的影响。与利用和使用明显不同，重用具有以下显著特点：信任度最高；感情因素占支配地位；在动态变化中保持较深的理解程度；下属都有进一步得宠或突然失宠的可能性；下属事实上掌握影响事态发展的"特权"。

给个"大梁"让他挑

大公司能不能做大，在于有没有几个顶天立地的核心人物。必须让员工产生"挑大梁"的欲望，为公司贡献才智。

作为领导，仅仅了解职员的内心愿望还不够，不要以为多发奖金、多说好话就能调动员工的积极性。人是很复杂的，要让他们为你卖命工作，需要你施展更细微的手段。

有几个方法可以让下属的需求获得充分满足，同时又能激发他们勇于"挑大梁"的热情和干劲，并以此来提高工作效率。

（1）向他们描绘远景

管理人要让下属了解工作计划的全貌，以及看到他们自己努力的成果。员工愈了解公司的目标，公司的向心力愈高，员工也会更愿意充实自己，以配合公司的发展需要。

所以，管理人要弄清楚自己在讲什么，不要把事实和意见混淆。

下属非常希望你和他们所服务的公司都是开放的、诚实的，能不断给他们提供与工作有关的公司重大信息。

若未充分告知，员工会对公司没有归属感，能混就混，不然就老是想换个新的工作环境。

如果能获得充分告知，员工不必浪费时间、精力去打听小道消息，也能专心投入工作。

（2）授予他们权力

授权不仅仅是封官任命。管理人在向下属分派工作时，也要授予他们权力，否则就不算授权。所以，要帮被授权者清除心理障碍，让他们觉得自己是在"独挑大梁"，肩负着一项完整的职责。

方法之一是让所有的相关人士知道被授权者的权责；另一个要点是，一旦授权之后，就不再干涉。

（3）给他们好的评价

有些员工总是会抱怨说，管理者只有在员工出错的时候，才会注意到他们的存在。身为管理者的你最好尽量给予下属以正面的回馈，即公开赞美你的员工，至于负面批评可以私下再提出。

（4）听他们诉苦

不要打断下属的汇报，不要急于下结论，不要随便诊断。除非对方要求，否则不要随便提供建议，以免流于"瞎指挥"。

就算下属真的来找你商量工作，你的职责应该是协助下属发掘他的问题。所以，你只要提供信息和情绪上的支持，而避免说出类似"你一向都做得不错，不要搞砸了"之类的话。

（5）奖励他们的成就

认可下属的努力和成就，不但可以提高工作效率和士气，同时也可以有效地让员工建立起信心，提高其忠诚度，并激励员工接受更大的挑战。

（6）提供必要的训练

支持员工参加职业培训，如参加学习班或公司付费的各种研讨会等，不但可提升下属的士气，也可提供必要的训练。教育训练会有助于减轻无聊情绪，降低工作压力，提高员工的创造力。

妙用"刺儿头"人物

在一些企业当中，你不难发现有些人极其聪明，好动，不愿拘泥于形式，有着鲜明的个性，有各种古怪离奇的想法。这些人被领导们称为"刺儿头"人物。由于他们工作不安分守己，想法又特别离谱，甚至公然煽风点火，使员工与你作对，你往往对他们恨之入骨，但又可惜这块可用之材。

如果你仔细想想，把这些"刺儿头"与那些业余"人事秘书"相比，前者应该算是企业中的积极力量，能为人际的真正和谐创造良好的氛围。

你不妨与他们和平相处，有效利用他们的个性特点，为企业和谐人际的达成、自由创新氛围的形成发挥作用。由于"刺儿头"有好动、开朗的个性，所以他们都有着很好的人缘，而且"煽风点火"的本领使他很善于集结群众。如果不看其他方面，单就发动人员、组织活动而谈，他们也许比你更适合当领导。企业的和谐人际关系需要人们在一次次的集体合作、活动的氛围中逐渐培养而成，"刺儿头"似乎成了这些活动的最好组织者。你应该给他们充分施展"个人魅力"的空间，把他们从不习惯的工作方式中解放出来，帮助你策划企业的集体活动，并且委之以大权，充分利用他们的才能。"刺儿头"的新奇妙想有时看起来很离谱，但这种创新的精神应当值得你大力提倡。

企业的活力需要每个成员通过创造性的活动形成，"刺儿头"在这里可算是"无冕的急先锋了"。他们为企业引入活跃的思维空气与自由谈论的绝妙气氛，为企业创新提供了良好的氛围。你千万别与"刺儿头"对立起来，聪明的领导者会因势利导，让他们在企业中上蹿下跳，充当活跃气氛的角色。

"刺儿头"是绝不会拘泥于形式的。这也许正是你所担心的，这就意味着企业中的纪律、本本、框框、杠杠对他们毫无作用，企业会不会因为他们而乱成一团糟呢？其实这是你多虑了，也正是你把员工没有当成成年人的具体表现。

领导者对企业的某些事情恐怕是很少过问的，或许至今都不记得总则的第一个字了。随着社会的发展，你也许会注意到那些框条最终是流于形式，它们在某种程度上限制了创造性的发挥。"刺儿头"的出现正是为企业破除陈旧观念、建立新秩序配备了人选；你只要合理地利用他们的长处，企业的人际关系必然会呈出自由、开放、和谐、团结的良好气象。

用人的心理学

任何一个人能力的实际发挥不仅仅取决于他所具有的具体知识和技

能，还与他的许多非智力因素有密切关系。同样，每一个工作岗位对人才的能质要求都不仅仅是智力方面的，还包括非智力方面的。所以，领导者在用人方面必须考虑以下问题。

（1）分配工作要注意气质类型

心理学上将人的气质分为胆汁质、多血质、黏液质和抑郁质四种，不同气质的人对工作的适应性不同。例如胆汁质人精力比较旺盛，动作敏捷、性情比较急躁，在开拓性工作和技术性工作岗位上较为合适；多血质人性格活泼、善于交际、动作灵敏，在行政科室或多变、多样化的工作岗位上更为适宜；黏液质人深沉稳重、克制力强、动作迟缓，适合安置在对条理性和持久性要求较高的工作岗位上；抑郁质人性情孤僻、心细敏感、优柔寡断，适合安排在连续性不强或细致、谨慎性要求较高的工作岗位上。现实生活中的人大多数是四种气质的混合体，这里讲的只是有所侧重而已。

（2）分配工作时要考虑人的兴趣

大家常说，兴趣和爱好是最好的老师，因为当兴趣引向活动时可变为动机。当人产生了某种兴趣后，他的注意力将高度集中，工作热情将大大高涨；人一旦产生了广泛的兴趣，他就会眼界开阔、想象丰富、创造性增强。总之，兴趣将使人明确追求、坚定毅力、鼓足勇气、走向成功。因此，企业在使用人时，除了要求专业对口外，还要适当考虑一个人的兴趣。任何人的兴趣都是可以变化的，只是程度和速度不一样罢了。领导者一定要注意员工们的兴趣性，让他做他感兴趣的工作。

▶▶ 观人角度：洞悉人心才能少出意外

就近观察，见微知著

相处观察是常用的知人方法，自古到今流传着车载斗量的相处知人佳话。20 世纪 20 年代，英国首相艾登与斯里兰卡总理班达拉奈克同在牛津大学读书，当时他们都是才 20 多岁的青年。通过相处，艾登深知班达拉奈克的德才，他曾对同学说，班达拉奈克一定是他国家未来的总理。35 年之后，艾登的预言成为事实，班达拉奈克成了自己祖国独立后的第一任总理。

相处观察法要求知人者具有眼力，善于见微知著，从行为现象看到人的本质特征。据说法国有一位银行家，年轻时因无工作曾多次去找银行董事长，去过 51 次，都被拒绝。第 52 次又被拒绝。他失魂落魄地走出银行大门时，见地上有一枚大头针，他觉得如果有人为了它而受伤就不好，于是俯身拾了起来。这事正好被董事长看见。董事长认为，如此小心的人很适合当银行职员，决定雇用他。

通过相处观察知人，还要善于从具体情境中发现人的才干，看到人的特长。唐朝的韩晃在朝廷当官后，一位远房亲友远道而来，想找他谋个事。韩晃当面对他考核一番，结果很失望，这位亲友一无所长。韩晃打算送些盘缠让他回去。在送行的宴席上，韩晃却发现他不卑不亢，品行端正，觉得这也是一个难得的特点。于是把他留下，派他去监管军队的仓库。这个人上任后，严明条律，以身作则，据说再也没人敢随便到仓库去捞取公物了。

相处观察法是传统使用的知人方法，由于时间和空间的限制，它的作用不免有局限。这种传统方法发展到今天，必须引进一些现代知人的手段和技术，以突破自身的局限。

看透别人的心

若想成功地用准人，你要做的第一件事，就是看穿别人的心。只有这样，才能分清哪些人是可以利用的，才能摸准他们有哪些地方可以被你利用，才能决定你自己应当采用什么样的办法去利用他们。否则，你将碰一个大钉子，撞晕了都不知道撞在什么上。

看穿别人的心，特别是看穿初次相识的陌生人的心，说难也不难。再高明的人也会在不知不觉中把自己的内心世界暴露出来，只不过暴露的程度、方式有所不同罢了。因此，你应当学会利用自己的眼睛和大脑，通过观察、分析形形色色的表象，抓住问题的实质。

下面介绍几种如何在第一次见面时看穿别人心灵的方法。

（1）从他打招呼的方式看他的内心

即使是一个看似简单的招呼，也能给你制造了解对方内心的机会。你可以看看，以下列举的外在表现与所分析的内心世界是否一致。当然，这种分析总会有一些例外，但大体上应该是准确的。

● 一面注视对方一面行礼的人，对对方怀有警戒之心，同时也怀有想占尽优势的欲望。

● 凡是不敢抬头仰视对方的人，大部分都是内心怀有自卑感的。

● 使劲儿与对方握手的人，具有主动的性格和信心。

● 握手的时候无力地握住对方的手，表示他是有气无力的性格脆弱的人。

● 握手的时候手掌心冒汗的人，大多数是由于情绪激动，内心失去平衡。

● 握手的时候如果目不转睛地注视着对方的人，其目的要使对方在心理上屈居下风。

● 虽然不是初次见面，但始终都用老套的话向人打招呼或问候的人具有自我防卫的心理。

（2）从他的眼睛窥视他的心灵

● 初次见面的时候，首先将视线朝左右瞄射者，表示他已经占据优势。

● 有些人一旦被别人注视的时候，会忽然将视线躲开。这些人大体上都怀有自卑感，或有相形见绌的感受。

● 抬起眼皮仰视对方的人，无疑是怀有尊敬或信赖对方的意思。

● 将视线落下来看着对方，乃表示他有意对对方保持自己的威严。

● 无法将视线集中于对方身上，很快地收回自己的视线的人，大多属于内向性格者。

● 视线朝左右活动得很厉害，这表示他还在展开频繁地思考活动。

（3）从他的举动看他的潜台词

人的一举一动，特别是下意识的形体动作，也能向你泄密。

● 交臂的姿势表示保护自己，同样，这种动作也表示可以随时反击。

● 举手敲敲自己的脑袋，或用手摸着头顶，即表示正在思考。

● 摸头的手颤动得很厉害，即表示全心全力地思考。

● 用双手支撑着下腭，大多数情况下都表示正在茫然的思考中。

● 用拳头击手掌，或者把手指折曲得咔咔作响，就表示要威吓对方，而不是在进行思考的活动。

（4）从他的癖习看他的特性

● 搔弄头发的癖习是一种神经质的表现。凡是涉及自己的事情时，他们马上会显得特别敏感。

● 一面说话，一面拉着头发的女性，大体上是很任性的女人。

● 说话时常常用手掩住自己嘴巴的女人是有意要吸引对方。

● 拿手托腮成癖的人往往要掩盖自己的弱点。

● 不断摇晃身体乃是焦灼的表现，这是为了要解除紧张而表现出来的动作。

● 双足不断交叉后分开，这种癖习表示不稳定。如果女性具有这一癖习，就表示她对某位男性怀有强烈的关心之意。

观察对手要仔细

在交涉进行过程中，最要紧的就是能"看人说话"。

我们可以把交涉对手大致分成下列五种类型：（1）能说善道型；（2）三缄其口型；（3）反驳型；（4）毫不关心型；（5）过激型。

能说善道型之人，话匣子一打开，你就能够注意到，对方所说的话有哪些是和自己意见相同的。对三缄其口型的人，一旦与他有商业往来，你最好事先准备好样品，让他从中选择接近自己意见的商品。对付反驳型的人，你要尽量找出与对方相同之点，使其与己妥协。对于毫不关心型的人，应恳切说明自己的想法，以征求其同意。对于过激型的人，先要深入了解对方偏激的原因，再用事实进行反驳。

日本社交专家长尾光雄先生曾经提出对付不同类型的人应采用以下具体方案。

（1）坚持己见的人

对付这种人，你可以具体地用数字来反驳他，因为他往往只是坚持自己的意见和主张，决不听信别人的意见。必要时，你也可以联合意见相同或者感受相同的人共同作战。

（2）喜欢议论的人

必须对他采取质问的态度，同时也要多花些时间准备，来和他辩论一番。至于质问的内容，则必须是自己想要了解的，这样，通过他所发表的议论，你就可以收集到有关信息和资料。

（3）自负的人

时常会对他人高谈自己经验的人多半认为只有自己的经历特别重要，而不免流于自负。面对这种人，你不妨冷静下来，听听他的意见，虽然他有时会批评别人，但或许你也可以从中汲取宝贵的人生经验。

（4）抢先说话的人

"对不起！我也想听听别人的意见。"对于这种抢先说话的人，你可以采取此种方法应付，使其无法继续高谈阔论。对付自以为是的人，这也不失为有效的方法。

（5）腼腆害羞的人

对于这种在大众面前不擅发表自己意见的人，最好先让他谈些自己身边的事，然后，再慢慢诱导他说出过去的经验，或者内心的观感和看法。

（6）冥顽不灵的人

像这样顽固的人往往坚持自己的一套想法，你在和他交涉前，必须预先做好沟通工作，用多数人的意见来化解他的固执。

（7）孤僻的人

首先，你要引发他的兴趣——谈谈他最得意或喜欢的事情。待导入正题时，你可以这样说："关于此点，我很希望听听你的意见和看法。"

（8）打破砂锅问到底的人

这种人问起问题来往往顾不得别人厌倦的反应，即使再三反复，他也"乐此不疲"。对付这类人，你应设法在话题告一段落时，出其不意地堵住他的嘴巴，逼得他把"最后的结论"说出来。

（9）目光凶恶的人

尽量避免一对一的辩论。尤其是牵涉到利害关系或者意见迥异、话不投机时，最好不要单独和他交涉，否则你可能流于感情用事，放弃自己原先的立场。

和这种人进行争论，你可能会被他咄咄逼人的目光所慑，而在招架不住的情况下失利，故以有人陪同为佳。

（10）要人型的人

既属要人，你就应该避免当面批评，而用较婉转、简洁的方法对付他。你不妨这样说："这是很宝贵的意见，就让大家也来表达自己的立场吧！"采用避重就轻、一笔带过的"抽象"表现方式，也许可以化解僵局，而把问题处理得很好。

美国作家马克·吐温曾说过这么一句发人深省的话："使对方满意的最好方法，就是把对方所说的话，重新再说一遍。"

这句话在与人交涉时，是非常值得参考和运用的。

▶▶ 恰当原则：掌握"因事用人"制

不要因人设事，而要因事用人

在一些办事效率很低的单位里，人浮于事，机构臃肿，往往使领导者大伤脑筋。尤其令人头痛的是，那些多余的人并不满足于没事干，而是唯恐领导看到他们闲着，因而总是急于找事干，于是，许多毫无实际意义的会议、报表、材料、总结、讲话、指示便应运而生。在这种虚假、徒劳的忙碌之中，许多有才华的下属的宝贵年华便白白地被消耗掉了。

按照由人到事的思维轨迹来考虑问题和处理问题，势必出现以下几种常见的用人弊端：

第一，该办的事找不到合适的人去干；

第二，一部分多余的人在干着多余的事；

第三，无用之才出不去，有用之才进不来；

第四，机构臃肿，人浮于事，内耗太大，效率降低；

第五，最终影响管理目标的顺利实现。

造成这些用人弊病的病根在于领导者因人设事的管理方法。

再进一步探究，还可以从落后、保守、僵化的人事管理制度中找到问题的症结——对于绝大多数领导者来说，以前他们尚无根据管理活动的需要，随意招聘或辞退下属的自主权。

值得宽慰的是，改革的春风终于吹遍了神州大地。在不少企业、机关、学校、医院、商店等单位，领导者运用因事用人的谋略来对各类人才实行有效的管理，已经成为可能。

因事用人是同因人设事针锋相对的一条用人谋略，它是指在用人行为中，领导者必须根据领导管理活动的需要，有什么事要办，就用什么人；决不能有什么人，就去办什么事。显而易见，确立因事用人谋略的根本宗旨在于极俭省地利用人才资源，尽量避免不必要的人才浪费。

确立因事用人谋略的思维轨迹是由事到人，而不是某些领导者所习惯的由人到事。

我们从事一切领导活动的根本目的，就在于实现预定的管理目标，把事情办好。为此，当然要讲究用人，但用人仅仅是一种手段，决不是从事领导活动的目的。各级领导者唯有按照由事到人的思维轨迹去指导和制约用人抉择，才能在用人实践中做到以下几点：

根据目标管理的需要，掂量和筛选自己面临的各种事情；

为各种必须办的事情，物色最合适的人选；

经过因事制宜、因事用人之后，凡是本地区、本单位紧缺的人才，立即通过各种渠道，采用多种方式，从外地区、外单位（甚至从国外）大胆引进；

凡是本地区、本单位多余的人才，在征得本人同意之后，应根据其专业特长、素质条件，及时交流到最能扬其所长的地区和单位去工作，决不搞照顾使用或养而不用。

由此观之，因事用人谋略是各级领导者必须认真研究、灵活运用的一条十分重要的用人谋略。随着我国政治体制改革和经济体制改革的不断深入，它在具体实践中势必显示出弹性和旺盛的生命力。

一职一官，一官一职

科学管理学说的代表之一法约尔在其名著《工业管理与一般管理》中，论及"统一领导"这一管理原则时说："这项原则表明，对于力求达到同一目的的全部活动，只能有一个领导人和一项计划，这是统一行动、协调力量和一致努力的必要条件。人类社会和动物界一样，一个身体有两个脑袋，就是个怪物，就难以生存。"这位20世纪管理鼻祖在用人问题上的论述是何等精辟！

我国公元前3世纪伟大的思想家韩非子对如何用人也有过精彩的论述。韩非子主张选用主要管理者应一职一官。他说，想要管理好朝廷以外的事，那就应当每个官职只设置一个官员。

首先，他认为一个鸟窝如果有了势均力敌的两只雄鸟，他们就会斗得你死我活；一个家庭如果有两个当家人，那么，做事就不会有功效。"一栖两雄"、"一家二贵"和"一职二官"多么相像。

其次，他认为下属的忧患在于不能专任一职。为什么？因为一职多官，责、职不明确，必然互相扯皮，下属就难以发挥其应有的潜力。同时，一职多官，难以考核下属的个人业绩。而且，功劳、过失都归"大家"，这样就难以激励下属建功立业的积极性。因此，下属厌恶一职多官。如果每个职位只配置一名官员，那么，他的所作所为及其功过就会暴露无遗。一职一官，责任明确，从而功过分明，而功过分明是对下属实行准确赏罚的前提。

然而，在现实的管理活动中，一栖两雄、一家二贵、一个身体有两个或多个脑袋的怪现象却经常可见。在一个工厂中，有厂长，又有若干名副厂长。厂长和副厂长之间又非上下级关系，而是同一班子的成员，一人有一票之权。这样的人事安排有百害而无一利。

首先是机构臃肿，增加管理层次，滋生官僚作风。在一个工厂中，往往是一位经营副厂长只管一个经营科，一个财务副厂长只管一个财务科，一位生产副厂长只管一个生产科，一个人事副厂长只管一个人保科，等等。

其次，同一管理层次上，官越多，扯皮也越多。官多，必然办事程序多，关卡多，这样不仅降低了办事效率，而且在这些"官员"中，只要有一人来一个"肠梗阻"，"卡"一下，即使是好事也别想办成。

再次，官多又必然争雄。好办的事、有名有利的事谁都争着揽。相反，难办的事、无利可图的事、有风险的事，尤其是风险大的事，就互相推诿，互相踢皮球，谁也不愿沾边，更不愿负责。

多年前，深圳三九企业集团成功的经验被称为"三九机制"，而"三九机制"的一个重要内容就是"一职一官"。他们在领导体制上，摒弃传统的领导班子集体决策制，集团只设总裁一人，不设副手；集团下属企业，也只设一名正职，没有副职。这样，权力集中，职责、功过清晰分明，没有内耗，没有扯皮，从而使企业能快速、高效地运转。三九集团初期的成功，充分说明了"一职一官"在今天的现实意义。

当然，强调一职一官，也要强调一官一职。也就是"一人一职，专职专任，不兼官，不兼事"。作为担任某种职务的管理者，他已具有具体的职责范围，就不宜再去兼任其他职务。特别是领导者让下属管理者担任了一种职务后，或领导者已承担了相应的岗位后，就不宜再去兼管与本职务无关的其他事情。对一官一职，我们的理解应该是：领导者在用人时，应该使下属的职、事互不干扰，这样，下属之间就不会发生矛盾、冲突、内耗；应该使下属管理者不兼任其他管理职务，专司本职，这样，他们的管理才能就会与日俱增。

一人一职有利于管理者集中精力抓好本职工作，能保证管理的各个环节都有专人全力以赴地负责，使管理这架机器能正常、顺利地运转。但是，在现实生活中，有许多管理者一人多职。管理者在单位内外兼职现象较为普遍，有的身兼数职，甚至十数职。其结果必然是精力分散，顾此失彼。这样的组织安排势必导致若干管理环节"卡壳"。表面上看，似乎各个管理环节都有人员负责，实际上却往往是一些环节处于几乎无人负责的境地。这种组织结构使管理者超负荷运转，力不从心，疲于应付，结果往往是所兼职务的工作无一做好。这种用人之道是领导者人事安排之大忌。

用人应通功易事，互利共生

俗话说："主副须相佐，钟磬当合鸣。"意指一个"领导班子"必须相佐相助，才能事业有成。其实，这个道理并非仅就"领导班子"而言，它应指一切群体。所以，作为一个领导者，在任人、用人中必须十分注意"相佐而事"的问题，尤其是在人员配备、组织设置中更应"因佐而构"，确保其整体效能。

《孟子·滕文公下》中说："子不通功易事，以羡补不足，则农有余粟，女有余布。"朱熹注："通人之功而交易其事也。羡，余也。"意指在分工合作中，各从一业，以其所有，易其所无。

通功易事是用人的一条重要原则。因为世间人之智能，各有所长，"件件皆能"者极少。而事业所需非一人、一技所能满足，必得众人配合才能成事。只有通功易事、互利共生，才能使能力得以互补，关系得以协调，从而同心同德，为事业的进取而团结奋斗。领导应了解以下效应并加以运用。

（1）互补效应

群体互补效应是人的群体功能之一。它是指在结构合理的人员群体中，不同的年龄阶段、专业类别、智能水平、气质类型的人有机地结合到一起，知识互用、能力互补，配套成"龙"，使只有"专能"的人员个体变成"多能"的群体。

群体互补效应的发生建立在两个条件的基础上，一是个体智力有限性，二是人员的群体效应。

（2）协调效应

群体协调效应也是人的群体功能之一。它是指在结构合理的群体中，逐步形成了群体每个成员共同遵守的良好的道德规范、传统作风和组织制度，以此调节和协调群体中个体与个体、个体与群体、群体与社会的关系，并影响和控制整个群体，使群体的力量和功能得到维护和加强。这恰如自然界中的"群落效应"。在自然界中，生物和环境之间有一个不断协调进化的过程，而进化协调得最完善的是热带雨林。在那里，遍布各个层次空间的动、植物对太阳能和土壤资源各取所需，互利共生，使得整个群落得到各自最大的效应。人类各个群体也是一个个"群落"，每个群体都应该学会利用"群落效应"这种规律，使每个个体成员的特长都在群落中得到充分发挥，并相互取长补短，从而使整个"群落"获得最高的效应。

（3）感应效应

群体感应效应也是人的群体功能之一。它是指在结构合理的群体内，成员之间在目标上志同道合，在作风上互相感染，在学术上相互影响，同心同德，紧密团结，创新意识和创造性思维不断强化，形成对人的工作尤其是创造性工作特别有利的"微型气候"。

上述三类效应作为放大器而大大提高人员的效率。因此，在用人的时候，一定要记住"通功易事，互利共生"的道理。

根据人的能力特点用人

人的能力既然有能质和能级的分别，那么在安排使用人才时，就要通盘考虑。比如有的人善于辞令，讲话极富有说服力、鼓动性和吸引力，有的则"茶壶煮饺子——肚子里有货倒不出来"，这是人们口头表达能力的差别。单就这一点而言，前者适宜于安排在企业的宣传、公关、推销等岗位上，后者适宜于安排到文秘、科研、资料统计、设计等岗位。

企业在对新职工进行能力判别时，一方面可在试用期给予试验性的工作，另一方面可运用科学方法进行测定。世界上许多企业很早就运用能力倾向测验进行人事安排，我国近年也开始有了这方面的试验。如我国上海儿童食品厂运用自己编制的一套对食品生产操作工人进行测验的工具，测定几十名技工学校毕业生，按照成绩将他们分为敏捷型（手臂运动灵活性高者）、灵巧型（手眼配合灵巧者）、注意型（注意力分配和动作稳定性测验优秀者）、创造型（创造性思维能力高者）和综合型（各方面测验都较优秀者）。在工作分配上，把敏捷型和灵巧型的人安排在食品生产流水线上任操作工，把注意型的人安排在流水线上任仪表观察工，把创造型的人安排在车间机修岗位或者技术要求高的岗位上，把综合型的人作为技术骨干进行重点培养。经过半年的追踪研究和效应验证，以及对干部和群众进行问卷和面谈调查，发现大多数新职工适应性较强，有的甚至在短时间内就对技术有了新的小改小革，效果很好。

▶▶ 调动本领：学会激励下属

调动员工积极性的手段

调动员工积极性，可用以下激励手段。

1. 工资激励

所有员工都希望自己能从工作中获得满足。工资待遇是满足其生存需要的重要手段。有了工资收入，不仅感到生活有保障，而且还是社会地位、角色扮演和个人成就的象征，具有重要的心理意义。

工资收入对职工的激励作用还取决于动机层次的高低，尤其是取决于一个人的成就动机。一般地说，低成就动机的员工比较容易为工资等物质激励所激动，而高层次动机的员工更关心的是他的工作岗位、环境能否提供心理满足。在这个前提下会出现两种情况：一种是如果工作岗位、环境和其心理需求相一致，则较少的工资员工也会接受；一种是如果工作岗位、环境无助于自我实现，他就会要求更高的工资待遇，来抵偿失去平衡的心理。所以，如果工作安排能使高成就动机的人感到在工作岗位、环境方面有更多的心理满足，他就会全力工作而不计较工资待遇；而低成就动机的人的工作积极性则随工资待遇的增加而增长，一旦因为某种原因取消或降低了工资待遇，工作积极性就会随着下降。

工资激励必须贯彻劳绩挂钩、奖勤罚懒的原则。工资水平与劳动成果挂钩，使升了级的人满足，升不了级的人服气。当然，工资激励在激发员工积极性方面的作用还取决于该员工的经济背景。如果他已经拥有相当可观的存款和相当齐备的家庭设施，或是出身于相当富裕的家庭，一般工资对他的激励作用不会很大。

2. 奖金激励

奖金是超额劳动的报酬，设立奖金是为了激励人们超额劳动的积极性。在发挥奖金激励作用的实际操作中，应注意以下三点：

（1）必须信守诺言，不能失信于职工。失信一次会造成千百次重新激励的困难。

（2）不能搞平均主义。奖金激励一定要使工作表现最好的员工成为最满意的人，这样会使其他人明白奖金的实际意义。

（3）使奖金的增长与企业的发展紧密相连，让员工体会到，只有企业兴旺发达，自己的奖金才能不断提高，而员工的这种认识会收到同舟共济的效果。

3. 工作激励

工作激励主要指工作的丰富化。工作丰富化所以能起到激励作用，是因为它可以使员工的潜能得到更大的发挥。工作丰富化的主要形式有：

（1）在工作中扩展个人成就，增加表彰机会，加入更多必须负责任和具有挑战性的活动，提供个人晋升或成长的机会。

（2）让员工担负更加有趣而困难的工作，这可让员工在做好日常工作的同时，学做更难做的工作。可以鼓励员工上夜校去提高自己的技能，从而能胜任更重要的工作。更困难的工作给了他展示本领的机会，这会增强他的才能，使他成为一个有价值的员工。如果一位员工在工作中不断得到发展，那么他一定奋发、愉快，其创造力、聪明才智会得到充分发挥。

（3）给予真诚的表扬。当员工的工作完成得很出色时，要恰如其分地给予真诚的表扬，不要笼统地用"谢谢你作出了努力"这样的评语，而应具体、有针对性："你管理你那帮人的方法真妙，我真不明白你怎么能让那帮人干得这么出色，接着好好干吧！"这将有助于满足员工受尊重的心理需要，增加干好本职工作的自信心。

工作丰富化的目的在于让人们对工作更感兴趣。最简单的做法是重新安排工作，使工作多样化。这可从两方面着手：一是垂直工作加重，二是水平工作加重。所谓垂直工作加重，主要指重新设计工作，给员工更多的自主权、更充实的责任感、更多的成就感。所谓水平工作加重则是指将工作流程中的前后几个程序交给一个员工去完成，它可带给员工更多的工作成绩回馈、更完整的工作整体感、充实的责任感和对自我工作能力的肯定。

工作丰富化的激励是为了满足员工高层次的需求。高层次需求的满足会使员工充分发挥内在潜力，从而提高工作效率，使企业和个人都能得到满足。工作丰富化满足的是员工高层次的需要，而员工的实际需要又不仅仅是高层次的，因而这种激励有明显的局限性，它不能解决企业中的全部问题。一般地说，只有在员工普遍感到现实的工作环境不能发挥自己能力时，才可有效地运用这一激励措施。

4. 支持激励

在企业的日常管理中，人们可以明显地感觉到，对一个员工来说，"我指示你怎样做"与"我支持你怎样去做"，两者的效果是不同的。一个好的企业管理者应善于启发员工自己出主意、想办法，善于支持员工的创造性建议，善于集中员工的智慧，把员工头脑中蕴藏的聪明才智挖掘出来，使人人开动脑筋，勇于创造。具体做法如下：

（1）尊重下属。人人都有受人尊敬的需要。尊重下属不仅表现在充分肯定其才能和待之以礼方面，关键在于尊重其意见，采纳其建议，使员工感到他们远远不只是轮子上的一个轮齿，这有助于增强他们的自信心。

（2）爱护下属。要爱护下属的进取精神和独特见解，爱护他们的积极性和创造性。

（3）创造一种宽松的环境。比如信任员工，让他们参与管理。没有什么比参与作出一项决定更有助于满足人们对社交和受人尊重的感觉。因此，出色的管理者应让员工参与制定目标和标准，这样他们会更加努力工作，发挥最大潜能。

5. 关怀激励

得到关心和爱护是人的精神需要。它可沟通人们的心灵，增进人们的感情，激励人们奋发向上，挖掘人们的潜力。作为一个企业管理者，对全体员工应关怀备至，创造一个和睦、友爱、温馨的环境。员工生活在团结友爱的集体里，相互关心、理解、尊重，会产生兴奋、愉快的感情，有利于开展工作。相反，如果员工生活在冷漠的环境里，就会产生孤独感和压抑感，情绪会低沉，积极性会受挫。

6. 竞争激励

人们总有一种在竞争中成为优胜者的心理。组织各种形式的竞争比赛可以激发人们的热情。比如，各技术工种之间的操作表演赛，各种考察职工个人的技能、智能、专长的比赛，以及围绕员工的学习、工作等开展的各项竞争比赛。这些竞争比赛对员工个体的发展有较大的激励作用，表现在两方面：

（1）能充分调动员工个体的积极性，克服依赖心理。由于竞争以个体为单位，胜负完全取决于自己的努力和聪明才智，没有产生依赖心理的条件，因此能激励员工个人更加努力。

（2）能充分发挥员工个体的聪明才智，促使员工个体充分发展。员工在竞争过程中，要完成各种任务，必须克服各种困难，这就促使他们努力学习、思考，千方百计地去提高和完善自己。

7. 强化激励

强化包括正强化和负强化两种方式。对于人们的某种行为给予肯定和奖赏，使这个行为巩固与保持，这叫正强化。对员工正确的行为、有成绩的工作，就应给予表扬和奖励，表扬与奖励就是正强化。相反，对一些行为给予否定和惩罚，使它减弱、消退，这叫负强化。

强化激励，可归纳为如下 64 字口诀：

奖罚有据，力戒平均。目标明确，小步渐进。标准合理，奖惩适量。投其所好，有的放矢。混合运用，奖励为主。趁热打铁，反馈及时。一视同仁，公允不偏。言而有信，诺比金子。

工作激励，以人为本

工作激励要探讨以下方面的问题。

1. 如何让工作给工人以最大的激励

根据以人为中心的考虑设计工作，多数工作最初的设计是根据工作过程强行制定的，就是说，这种做法强调的是以下原则：（1）产品的具体化。（2）工具和机器的要求。（3）流水生产的顺序。（4）计算机协助的控制。（5）工作场所的设计。只有通过按顺序重新设计才会使大部分工作让工人感到更加满意和方便。

在 20 世纪初期，弗兰克和利宁·格尔布莱斯就提出以人为中心的工作设计。后来，这种技艺通过机械设备利用学或生命机器学的原理被系统化。在如今的办公环境中，随着自动化程度的提高和计算机的使用，人类工程学——一种研究工人和工作环境的科学——成为保证工人健康和理想工作效率的主要方法。

现今多数工作设计专家认为工人的心理调节需求像生理需求一样必需，这就是基层主管值得重视的地方。

2. 以人为中心的工作设计和以工作过程为中心的工作设计有何不同

前者设法使员工最大程度参与到每个人的工作设计中来，它并不忽视生产过程。相反，它鼓励员工在解决问题时也可以提出要求和条件。根据参与方式的不同，采用的方法就有许多名称：工作鼓励、工作充实和工作设计，有时叫工作再设计。最大的不同之处是以人为中心的工作设计强调员工的真正参与，无论是对个体还是对群体，要使工作更有效并更有吸引力。

对基层主管来说，以人为中心的工作设计的好处是它将每个人的注意力都集中到工作本身。基层主管不必在寻求员工合作时兼任心理专家或特殊领导。检查、批评和重做是针对工作，而不是人，这些改变的责任不再仅仅是管理人员个人的事，所有那些能够或希望能够参与其中的员工都有这种责任。

3. 哪些工作设计因素最有可能提高对员工的激励

来自 AT & T（在那儿有 3 万多员工参与设计）的权威威斯顿·卡那客和理查德·彼特森提出六种重要因素，这些因素或范畴有助于使工作设计符合组织要求，并因此提高生产效率以达到部门或组织的目标。这些因素包括：

一个从头至尾的完整的工作过程。这种职能的完整性可帮助员工看到工作完成时所产出的具体产品和效益。显然一个汽车厂的工人不可能制造一整部车子，但是如果能够让他亲眼看到自己制作的零件被装在车子的某一位置，这对他将是极大的鼓舞。

使用者和代理商保持定期联系。让员工与使用者（部门、地区办公室或顾客）保持直接且稳固的联系，可以强化员工作为人而不是机器上一颗不知名的齿轮的个人意识。

自主的自由。重要的是它给员工的工作提供选择机会。例如：在美国堪萨斯一家食品制造厂，由 7 人至 14 人组成的班子可以决定怎样去分配工作，筛选和选择新员工并且开除那些不合格的员工。

自我发现的机会。要求员工动脑筋并发挥技能的工作会使他们感到对公司和对自己都有价值。它能使员工和公司同时得到满足。

4. 各种以人为中心的工作设计应该有所区别吗

不必，但对增加完成工作设计的可能性有利。

例如，通过增加同一水平的专业知识的不同工作来扩充工作量。IBM 最先尝试这种方式，具体含义是让从事制造的员工对他们所从事工种的前后生产步骤负责。因而打孔的操作员可能塞满自己的零件箱并且将那些已打孔的部分用于下一个工序，这为离开固定不变的工作场所创造机会，并且为与之相关的操作员互相交流提供机会。

工作充实是工作扩充概念的一个分支。它通过增加较高技能的活动和授予更大的权限来扩充工作。例如，打孔员可以根据每项工作对冲模的不同要求使用不同的冲压机，用通常由巡回检查员采用的估量方法来检查自己的工作，并保留自己工作成绩的记录。

目标定向管理是斯卡特·麦尔兹在达拉斯得克萨斯仪器公司工作时提出来的。它强调管理人员把"我是必须考虑每个事件的老板"的想法转变为"这些是我们必须一起达到的目标"。在麦尔兹系统下，基层主管只在必要时进行领导（或"帮助"）和控制；员工负责制定计划并完成工作。相反，权威定向型主管负责计划、领导和控制，而实际操作人员对怎样去完成工作没有一点儿发言权。

5. 工作设计的最大好处是什么

对一个公司或组织来说，工作设计的好处在于提高每个员工的更大产出、生产和服务质量以及实现低缺勤率、低返工率和使员工更加合作。

对员工来说，工作设计无疑增加了工作对他们的吸引力。专家说它提高了工作本身的质量，它提供更大的自由度和灵活性，同时也使工作更富挑战性。工作设计比传统僵死的模式更多地利用了员工的技巧和主动性，从而使工作更有成效。

会场上调动下属情绪的妙法

作为一个领导，能否在会场上把下属的情绪调动起来，在很大程度上体现了他用人能力的高下。在会场上调动下属的情绪是必须的，因为一个会议只有有活力，方能够真正做到思想沟通，才能真正发现问题，解决问题。否则的话，大家很难彼此说出真心话，开会就起不到任何的作用。尤其是某些定期会议，若缺乏热烈情绪，会议只能流于一种形式。

那么如何在会议中提高下属的情绪，避免会议形式化呢？请你参考专家们的以下几点意见。

首先要对下属开诚布公，鼓励其随便说，说心里话，反面的意见更好，不要使发言流于形式。不要让他们有以条条框框来当作报告，也不要他们只报告成绩，而不提到问题或意见，要鼓励下属不打草稿，不做事前准备，心里怎么想就怎么说。

其次，要敢于批评下属避重就轻、不敢正视问题的报告方式，尽可以给他们当面指出来，比如说你听到"很顺利"、"没有问题"、"没有值得报告的地方"等字眼时就应该当面指出，要搞清楚他们是真没发现问题，还是心里有话不敢说。要敢于说一些刺激他们的话，如"发现不了问题，就说明对工作不负责，不努力"之类的话，以此调动他们说心里话。

如果听到下属说"这件事，我还要请示上司"之类转嫁责任的话，你就该当场向他问明白：

"那你的看法呢？"

"你认为这件事该如何处理？"

以这样的方式去鼓励他们说，便会增强他们的责任感，同时也会调动许多下属的会场情绪。

另外，还要注意，每一次会议都要有一个圆满的结果才好，最好准备好时间，给出会议的结论再结束会议，千万不要把这次会议的结论放在下次做，这样实在太吊人胃口。如果一个会议结束了而没有结论，那等于半途而废，你的下属甚至因此而对于你做事情的能力产生疑问。

可以这样说，会议是工作的一面镜子。对每一次会议，我们都应该立足现实，向前辈要经验，向晚辈要意见。领导在把经验和意见传给下属的同时，也会从下属身上获得不少信息，既了解了他的性格，又提出改进的要求。要知道，这对于一个领导是至关重要的。有些领导感到调兵遣将时摸不着方向，就是因为他们对下属了解不够。

总之，在会场上，把下属的情绪调动起来是至关重要的，一次又一次成功的会议必会大大加快你成功的步伐。

激发下属的责任心和积极性

有时候，领导可能会遇到一些大伤脑筋的事情，领导的命令传下去，下属不认真执行或相互推诿责任，遇到这种情况该怎么办？遇到这种情况，领导应该尽力让下属意识到他是企业的主人。企业的兴衰与他的生活福利、工资待遇息息相关，职工一旦认识到自己是公司的主人，自己有责任尽力把公司搞好，他们的责任心和积极性就会大大提高，工作效率也会随之增长。同时多开展各类有益的活动，在活动中使职工的主人公意识逐步得以加强。另外，领导还要注重自我修炼，力求做到平易近人、体贴下属，让下属把领导当作知心朋友，这样下属才会有和你风雨同舟、兴衰与共的决心。领导自身就好比圆的圆心，如果这个圆心产生一种较强的向心力，那么下属就会由于向心力的作用围绕圆心做圆周运动，就不会轻易脱离自己的轨道。

不过，有的部下责任心较强，但主动性不足。凡是领导吩咐的，这些职员一定认真去办，而且干得非常出色；但领导没有吩咐到的，即便是举手之劳，也决不多干一点。这种下属似乎非常"听话"，属于墨守成规、思想不开窍、心胸不开阔的那一种。这种人工作缺乏主动性，喂一口吃一口，自己不懂得伸手去拿。对于这样的下属，领导应想办法激发他们的积极性，要他们明白自己是主人，公司是老板的，也是自己的。

为此，领导应多肯定和称赞他们的优点和成绩："我吩咐的工作你完成得非常出色，你为咱们公司作了不少贡献"。然后再进行"点拨"和引导，"你做事稳妥可靠，如能再主动些，会干得更好、更出色的。"所谓"油灯不拨不亮"，领导这么一"拨"，下属头脑就开窍了，在以后的工作中，他定会积极主动，全力以赴的。

▶▶ 安排技巧：合理组织是一门大学问

组建有效人才机制

进行任何一项工作都应当有必要的组织形式。领导者必须注意这一点。

传说古时贤人因可以同时听取 7 位老百姓的诉说，而被称为天才。由此我们可以了解，一个人的指挥能力是有限度的。通常活动的组织以 4~6 人最为适当，人少而事情多时会疲于奔命，人多了就会人浮于事。就好像放在桌子上的电话机一样，如果放 3 部的话也许就刚刚好，但如果放 6 部以上就让人无法应付。

一般而言，一个人员比较多的单位就需要划分若干部门。例如一个 200 人的公司，可以分成 5 个部，每部 40 人，每部又分成 4 个科，每科 10 人，科下面还可以设组，每组 4 人左右。然后给予部长、科长、组长适当的权限，使他们负起相应的责任。那么，公司的老总们指挥这 200 人就等于指挥 3 ～ 4 人一样轻松了。

部队里常用的编组法是三三制，即一个军分为三个师，一个师分为三个团，一个团分为三个营，一个营分为三个连，一个连分为三个排，一个排分为三个班等。这种编法具有相当的科学性，最容易指挥。

古时候，很多军队都是三人一组，以三人对付敌方一人，若不足三人，则宁肯不战；而如果多于三人，又往往将多余的人另行编组，以使每个人的能力得到最大限度的发挥。如此，一般都能以小的损失取得大的战果。

当然，现代的单位也不必拘泥于三三制。由于其活动不像军队那样激烈，所以一个上司可以指挥较多的下属。如果一位处长有 20 多位下属的话，他可以将其分成三个科，自己指挥三个科长，这样就不必自己亲自指挥 20 多人，但又能达到指挥 20 多人的目的。

指挥单位的大小与发布号令、命令、训令等有很大的关系。在使用扩音器播放广播体操的时候，一个人可以指挥成千上万的人，因为这成千上万人的动作是一样的。而对于每个人的工作内容不同的情况，则一个人往往只能指挥顶多三个人，还可能指挥不好。

必须指出的是，在进行工作编组的时候，一定要注意，每个人只能接受一个人的号令，如果一个人同时需接受两个上司的不同命令，那这种编组的方法就是不当的，很可能给工作开展造成损害。

此外，团队中可以采用梯级式管理。就好比很多人喜欢登山。登山需要有强健的体魄，真正的登山活动一般都在夜里出发，不眠不休地到达山腰，然后在拂晓之前一鼓作气登上山顶，从而体会那种征服的感觉。

假使我们将登山的方式引用到公司的工作中，会怎样呢？

其实团队中的每一个成员都像是登山者，他们干自己分内的事，他们喜欢主宰自己掌管的一切，因为这种征服的成就感实在是太美了。

团队成员愿意靠自己的意思、按自己的意愿规划实施一事，无疑证明了自己的价值，这是相当具有吸引力的。同时，他们能有机会发挥显示自己的实力，无疑也是为今后的提升积累资本，从中获得的充实感和成就感也是其魅力所在。

以现有的事业为基础，向更广阔的前景发展是所有团队成员的愿望，在探索、开拓过程中，每前进一步都意味着成绩的取得，因而成员情绪会一直处于兴奋状态。

因此，从某种理想化的意义上来讲，你的团队成员更像是一个个具有旺盛斗志的登山者。那么领导干部就应当正确地引导他们的攀登方式及攀登方向。

领导在向团队成员分配任务时，只需从大方向上把握，告诉他们你的期望与需求，仅此而已，具体的内容不必过于苛求。为下属设定了大的框架，具体实施就放手让下属去做，下属肯定会乐此不疲。别忘了，下属最大的愿望就是自己规划、发挥全力、开拓空间，走出自己的一片天地。

作为领导，此时更像是一个战略战术的设计者，让团队按着你事先设好的战略路线与方向，一步一个台阶地向前发展。

根据工作分配人才

领导要善于分配工作。怎么讲？如果将重要的工作托付给闲逸成性的人，他必定会花费相当多的时间来做，而结果仍一无所成。相反地，若托付给终日忙碌的人，反而会产生意外的成效。

这里所谓"忙碌"的人即是会工作之人，甚至是会主动找工作的人。

真正能干的人会自动不断地发现工作上的问题，并动手去做。因此，他也会获得上司或同事的青睐，经常找他帮忙，于是就更加繁忙了。不过请放心！他会知道如何妥善分配时间，提高工作效率。

虽然他口里说："忙啊！忙啊！"其实他却常从容不迫地从事几倍于他人的工作，而且不会把工作堆积下来。这一点比那些不懂得分配时间，处理事务漫无条理，工作堆积如山而在那儿惨叫的无能者要高明得多了。

善于分配工作时间的人不管有多忙，都能将工作逐项完成，绝不会有"不知所措"或"力不从心"的情况发生。这种情形对他来说正中下怀，工作愈多，愈有干劲。

就好像面临生死存亡关头的人往往会产生一种莫可名状、奇迹似的力量，脱离死亡的威胁。

委托这种人工作，酬谢或代价亦须比别人更多。给予有诱惑力的褒奖，对其本身或其他人都会有激励作用的。

特别要注意的是：千万不能以为只要给予优厚的待遇、高等的地位，即能不停地偏劳他，这样会把他逼到过分劳累的境地。

因此，当部属完成一件重要的工作时，记得要让他充分地休息，要怀有体贴部属的心意。身为领导，在制作进度表、分配工作的时候，千万要注意到这一点，避免偏劳任何部属。

用好异性相吸的原理

单位是一个由男女组成的整体。物理学上有条规则："同性相斥，异性相吸。"领导用人，应用其妙。

"我们公司里没有男孩子，做起事来实在没意思。"

"公司内缺乏男性，每天又做同样的事，做久了真觉得枯燥乏味。"

这种话多出自女性，男性嘴里虽不说但仍心有戚戚焉。

男女青年最需异性朋友。只要与异性一起做事，或在同一办公室工作，彼此做事就格外起劲。这种情形并非恋爱的情感，或者寻觅结婚对象，而是因为在同一办公室中，如果掺杂异性在内，彼此性情在不知不觉中就会调和许多。以前公司内有些部门专是男性负责，有些部门全是女性，并非故意如此安排，实则是因工作上的需要，不得不如此。在纯男性或纯女性部门中，经常有人发牢骚，情绪非常不平稳。于是有人建议安置一些异性进去，结果情况大为改观，他们不再那么愤世嫉俗，工作情趣陡升，工作绩效也大为提高。

员工们都认为办公室内若有异性存在，就可松弛神经，调节情绪。男女混合编制，不但提高工作效率，也可成为人际关系的润滑剂，产生缓和冲突的弹性作用。但是，在众多男性中只掺杂一位女性，或者许多女性中只有一位男性，这样做也是不妥的。阿芳是一个研究部门中唯一的女性。刚开始时，男同事们都很尊重她，大家合作很愉快，她也很高兴。可是日久天长，她缺少同性谈话对象，内心积聚太多不满，再加上研究工作压力又大，她的精神都快崩溃了。

所以，男女混合编制也不是完美无缺的。有效的男女编制至少要有20％以上的异性，同时最好彼此年龄相仿，因为年龄悬殊会形成代沟，也不会合得来。现代的年轻人多半认为男女交往是一件正当的事，对自己的行为也大多能负责，所以你无须过分担心。

工作上不可能有男女混合编制时，应经常举办康乐活动或男女交谊

团体活动，增加男女交谊机会。如果工作场所皆是同性的从业人员，因
公司内部不可能举办男女交谊的活动，那么本身就应常参加有异性的活
动，例如多参加区域性的青年活动。公司方面也不妨鼓励员工多参加公
司以外的活动，大致说来，这对公司是裨益良多的。

▶▶ 合成智慧：团结是成功之本

培养团队的敬业精神

要使团队比传统的工作小组运作得更有效，就要让每个成员全身心地投入团队及其工作当中。团队成员必须对任务抱有信念，并且能一起努力去完成。他们还必须专注于整个团队极其成功，而不仅仅是某段时间里自己负责的一小部分工作。如果成员们对任务及团队整体并不专注，他们就不可能组成一个真正的团队，而仍旧是一个工作上多少有些联系的个人的集合而已。

团队敬业精神的培养需要很长时间，但你可以按下列步骤逐步来做这件事情。

如果你想拥有一个高效的团队，就绝不能让团队成员只关注自己个人的工作，而应该帮助他们把主要精力放在团队的整体任务上。因此，你所布置的任务必须明确。所有的成员都必须理解团队的任务，并且他们的理解基本上是一致的。"使顾客满意"相对来说比较明确，而"生产高质量的产品"就并不那么清楚了。

要使团队成员全身心投入一项工作中去，就必须使他们相信为这项工作花费时间和精力是值得的。为"客户提供高质量的产品"相对来说值得去做；而"在上级规定的期限内完成工作"则有些勉强了。同时，要让团队成员感到，这是一项现在就必须去做的工作，而不能等到别的什么更重要的工作完成后再动手。"及时设计好样品，以满足客户需要"相对来说比较紧迫，而"写一份产品销售数量的报告"就并不是一项紧迫的任务。

确保团队中每个人都知道整体的任务是什么。在传统工作群体中，每个员工只知道自己分内的工作。他们可能根本不知道自己的工作对完成整体的任务有什么作用。团队不能这样运作，每个团队成员都应知道整体的任务。假使你的团队负责为公司编写简报，这些简报有的是定期发行的，有的则是为满足特定的管理需求而不定期发行的，你的手下有编辑、作者、制图，还有发行的专业人员，你可以这样描述基本的任务："在预算范围内，遵守承诺，把高质量的简报送到客户手中。"关注整体的任务会带来莫大的利益，对于一个团队，这是最基本的要求。

一旦大家都明确了整体的任务，就要确保每个人都全神贯注地致力于完成整体的任务。在实际工作中，这意味着有时员工们为了整个团队的利益，要对自己的工作作出牺牲。这样，大家齐心协力，使任务顺利完成。

营造团结和谐局面

集体关系的协调长期以来一直是许多企业的最薄弱部分，民谚说"看一个人，个个是条龙"，"看一群人是一堆虫"，说的就是我们的性格和观念中对集体团结的破坏性。

所谓"窝里斗"、"窝里反"、"胳膊肘往外拐"都是指一个人对群体情商的破坏行为，我们在日常工作中把那些在群体中搞破坏的害群之马戏称为"导（捣）弹（蛋）专家"或者"内耗战士"，民谚说"一粒老鼠屎，弄脏一锅粥"，又说"千里之堤，毁于蚁穴"，可见这种人对集体关系的破坏行为是令人深恶痛绝的。

为什么集体关系会在个别破坏分子手中土崩瓦解呢？说到底是个人利益在作怪。俗话说"各人自扫门前雪，莫管他人瓦上霜"、"树倒猴子散"、"大难当头各自飞"说的都是在群体之中明哲保身的思想。传统的小农经济使中国人习惯把小块的私家利益作为安身立命之本。集体的形成并未使他们觉得安全，因为古代中国发展的历史中还没有哪种群体形式使他们觉得自身的利益得到壮大。各种农民运动到最后，结果仅仅是换了一个皇帝，换了一批官僚，而作为一个集体并没有实质的改变。这就决定了许多人在集体之中的摇摆性和动摇性，他们一旦受到破坏者的影响，就会使集体的情商变得低下。

集体团结的表现一是取决于构成集体的个体的素质；二是取决于个体之间的相互关系；三是取决于集体的领导者的能力。说到这个集体关系的构成，我想借助著名的"木桶原理"来加以说明。

20世纪70年代，美国学者彼得针对发展不平衡问题，提出了经济学中著名的"木桶原理"。木桶原理的意思是一个木桶是由许多木板条组成的，一个个木板长短不一的桶能装多少水，并不取决于最长木板的长度，也不取决于各木板的平均长度，而取决于最短的一块板条。

在构成集体关系的第一因素中，决定集体整体水平的关键在于团体中那个能力最低者的水准。在构成集体关系的第二因素里，个体之间的关系就好像各木板之间结合的紧密度，将所有板条围在一起箍紧，如果板条不能够箍紧而是出现裂缝及漏洞的话，那么这个桶即使造成也不能够使用。而在构成集体关系的第三因素里，领导者就好像是这个木桶的设计者和制造者或称桶匠，如果"桶匠"的手艺很糟，这个桶是什么样就可想而知了。

企业是一个整体，是一个系统。企业内"最短板条"的水平决定着企业的整体水平，长短差距越大，整体水平越低。企业要立于不败之地，群体的关系很重要，要保持稳步向前发展，就要保证群体的水平不断提高。从第一因素来看，我们的工作除抓好优秀员工、优秀管理项目外，更要抓好后进员工和管理工作的薄弱环节，重点抓好企业最差的方面。任何企业的工作都存在着好的、比较好的和差的方面，我们往往是只着重抓了好的，看了优的，忘了差的。甚至认为有一部分差的无所谓，好的是大多数，而忽视了这部分差的正是影响工作的主要矛盾，影响整体水平的关键。从第二因素来看，要全面提高企业的情感聚集力，首先在管理上要树立系统理论，在工作上要树立全局观念，在思想上要树立整体意识。看问题、办事情一切从整体和全局考虑，防止本位主义和小集团利益，在这一点上千万不可偏颇。从第三因素来看，领导者对成员的影响十分重要，作为企业领导者要在企业改革转制的关键时刻，提高全员的整体素质，增强员工的忧患意识。要使企业迅速走出困境，就必须让企业中主人翁意识不强、责任心差、业务素质不高、不能胜任工作要求的比较差的员工下岗、歇岗、待岗。然后组织学习、培训，待达到岗位标准要求后，重新上岗。这样有利于搞活人事用工制度，真正做到能者上、差者下；有利于增强员工危机感、紧迫感和责任感；有利于转换经营机制，减轻企业负担，减员增效，解决僧多粥少、人浮于事、效率低下的弊端；有利于增强市场竞争能力，提高全员劳动效率，提高企业经济效益。

组建团队要注意什么

无论是何种性质的团队，只要是能展现出相当实力的优秀队伍，都必然具有以下的这些共同特点。

（1）每个成员都具有相同的目的。比如医院的员工都是以"救人"为宗旨。

（2）每个成员彼此间都有默契。你看过篮球赛吗？他们是怎么进球的？

（3）每个成员都清楚团队所肩负的任务。例如销售部门的员工都晓得他们的任务就是替公司拉生意。

（4）团队成员数量不能过多，否则难以确保团队默契。一个管理者要是想达到有效的管理，手下的成员太多或太少都不好

（5）团队有其特殊文化。从办公室内全面禁烟到成员间亲如手足，都是典型例子。

（6）成员之间都能互相支援。如果一个成员忙得晕头转向，其他人绝不会袖手旁观。

（7）团队内有精密的分工体系。成员会依个人之喜好与能力进行有效分工。

在你所领导的部门里有这些特征吗？如果有的话，是如何表现出

来的？

一支训练有素的团队还能有效地展现以下这些功能：

（1）能找出团队所面临的问题，并提出解决的方案或是拟出预定之发展目标。

（2）能收集与团队相关的信息，并征求成员们对于未来发展的建议。

（3）能提供上级所需的信息，或是针对未来发展提出建议。

（4）能充分解释各项提议的内容并澄清可能引发的误解，必要时将找寻替代方案。

（5）能总结成员们所提的各项建议并形成初步结论。

（6）能清楚团队里成员对此结论的认同程度，以决定是否有进一步沟通的必要。

请注意，以上这些工作的开展并不需要领导干部的介入。

培养属下的团队意识

当新闻记者采访杰克·韦尔奇时，他说了这样一句话："我的成功，百分之十是靠我个人旺盛无比的进取心，而百分之九十全仗着我拥有的那支强有力的团队。"

《逆领导思考》一书的作者罗伯特·凯利也说过类似的话："说到追随与领导，对于大多数组织的成功，领导人的贡献平均不超过两成。"

这可是千真万确的事实，一个组织的成功不光是靠领导人个人的智慧和才华，绝大部分的成功关键在于领导者周边的那些追随者，在于追随者完美的表现。

单打独斗、个人英雄主义的时代已经向我们挥手告别了。我们早已迈入合作就是力量，讲求团队默契的新纪元了。领导干部不再是明星，虽然位高权重，拥有领导统御的大权，但是如果缺少了一批心心相连、智勇双全的跟随者，还是很难成就大事的。任何组织，不管是一支球队、乐团、特遣小组、委员会或是公司内的任何部门，现在需要的不仅是一位好的领导干部，更需要的是一位能投注于团队发展的真正领导人。

管理大师威廉·戴尔将团队定义为"一个联合而凝聚的团体"，他在《建立团队》一书中，一针见血地指出近年来，领导干部在组织内的角色已经产生重大的改变，他解释说明道：

"过去被视为传奇英雄，并能一手改写组织或部门的强硬经理人，在现今日趋复杂的组织下，已被另一种新型领导干部所取代。这种领导干部能将拥有不同背景、训练和经验的人，组织成一个有效率的工作团队"。

对企业组织内管理内涵有丰富第一手经验，并因负责教育训练工作而闻名于世的威廉·希特博士完全支持这种观点，他提议经理人要用"参与式"管理来替代专断式管理，他认为："与其试着由一个人来管理组织，为何不让整个组织一起分担管理的功能？"希特说得可真是直指人心，因为在专业分工的发展环境中，我们愈来愈需要大家一起互动运作、通力合作，唯有这样才能快速、顺利、有效地完成工作。

毕竟，一个组织的荣辱成败绝大部分取决于团队合作的程度。有鉴于此，做一个跟得上时代的真正领导者，实在有必要花些时间和精力，做好建立团队和复苏团队的工作。

国内外战绩彪炳的篮球队之所以经常赢得冠军奖杯，主要关键在于他们的教练是一位极为卓越的领导者，懂得让球队产生一种浓郁的"家人意识"，因此他们的球员在千变万化的球场上，愿意在必要的情况之下牺牲个人得分的机会，在次次奏效的妙传当中表现出大公无私、协调合作的精神。因为全队共进退大幅提高了得分率，所以大多数的球队都会获得最后的胜利。

（1）篮球队的管理意味着要在球员之间建立一种精诚团结的文化，使教练和球员融为一体。

（2）一个训练有素的经理会精心挑选高度配合的球员，并使球员间产生一种"家人意识"，努力协调大伙儿团队合作的精神。

（3）使所有球员的长处相得益彰，合为一体。

（4）每个人上下一心，共同追求胜利与成长。

（5）每位伙伴都可以分享成功的喜悦和荣耀。

（6）管理篮球队的诀窍在于互助依赖、协调合作，比赛成功要靠教练的战略和球员随机应变的行动相互配合。

（7）拟出一个激励性高的报酬制度，既可聚合团队能力，又能满足球员个人的需求。

无独有偶，声宝企业创办人陈茂榜先生也曾拿打篮球的道理来强调团队合作的重要性。他认为企业要发挥集体力量，就要以企业的"团队精神"为基础，如果每个人只求个人表现，忽视团队精神，那么就如同打篮球，个人再艺高技强，如果不能协同一致，也是很难获取胜利的。总之，你现在可以运用组织篮球队的精神与态度去建立你的团队，并创造一个温馨、相互支援、充满活力的环境。

▶▶ 提拔要诀：有能力就让上

招录合适的人才

人才是公司的财富。录用员工是人事领导干部的事；而对于那些有可能成为公司某一部门领导干部的专家、顾问的应试者来说，往往需要领导干部亲自出马面试、拍板。如何找出最适合的人，既无遗珠之憾，也无日后错用之恨呢？下面所介绍的步骤会对领导干部选用人才，并避免用人失误有所帮助。

（1）详细询问应试者过去在什么公司担任过什么职务

方法之一就是要求应试者对他过去担负的工作做一番详细的描述。作为领导干部，你尽可以直截了当地提出问题，诸如"请谈你以前所在公司的情况"、"你在原来公司的最大成就是什么"及"如果出现某种情况你会如何处理"等。通过这样一系列的发问，你不仅会了解到应试者曾在哪家公司的哪个部门工作过，更重要的是了解他以往的工作成绩和工作能力。在征聘高级管理人员的时候，要切记：仅凭一次面试是不够的。因为作为高级管理人员，应试者至少已有10年的工作经验，他所服务的公司往往不止一家，因此最好的办法是找他以前所在公司的同事来了解。这对于全面了解一个人过去的工作情况并预测其日后表现是非常重要的。

（2）对于某些问题，要做深入的探询

应试者是否结婚之类的问题可问可不问，而对于这名应试者因何离开原来所在公司等问题则切忌一带而过，因为这个人很可能成为你的部下，他将为你工作。如果他回答说"我是和原来的老板闹翻了才愤然辞职的"，那么你就要了解所说"闹翻"究竟是怎么一回事，是因为原来的老板过于刻薄，还是这位应试者心胸狭窄、脾气暴躁。如果不幸是因为后者的话，那么你作为老板，在录用他的时候就要想到，有朝一日他也会因为同样的原因和你闹翻的。

（3）切忌只看重表面的东西

一个应试者衣冠楚楚自然会令老板赏心悦目，但要记住：华丽的外表未必能说明应试者本事的大小。公司需要的是人才，而不是时装模特或电影明星。一个穿着随便的人也许会成为公司业务发展的栋梁之材。领导干部面试还容易犯过于注重文凭的错误。当应试者亮出名牌大学的文凭时，有的领导会因此被震慑，而对于那些毕业于名不见经传的学校的人往往根本不加考虑。在这个问题上，需要记住：作为雇主，你将要倚重的是他本人的才能，而不是他所毕业学校的名气。如果领导干部很容易被应试者的表面现象所迷惑的话，他往往会失去人才而得到一群庸人。

（4）注意要用人所长

一个工程师在开发新产品上也许会卓有成就，但他并不一定适合当一名推销员。反之，一名成功的推销员在产品促销上可能会很有一套，但他对于如何开发新产品却一筹莫展。

（5）注意不同公司有不同的管理风格

公司的风格也可称企业文化。在录用一名高级经营领导的时候，老板应对他原来所在公司的风格心中有数，并在应试的问答中向对方介绍本公司这方面的情况。

（6）业余爱好中大有文章可做

从应试者的业余爱好中，领导干部可看出此人的性格。一个爱好唱歌跳舞的人也许更适合做诸如推销、公关之类与人打交道的工作，而一个喜欢独自漫步、沉思遐想的人往往愿意独立承担某项研究、开发工作。

（7）老板必须考虑应试者的健康和体能状况

如果经过上述七条的考察，最后决定录用某人，那么作为领导干部的你可以说："我已经尽力为公司找到适合此项工作的人了。"

实践是检验人才的唯一标准

领导在招考员工的时候，要严格遵守"实践经验第一"的原则，一个人的学历再高，一旦进了公司，也必须先做副科长，像预备官一样，看他是否做得好，是否有责任心，是否胜任。如果这些最基本的条件都具备，那么就放手让他去发挥自己的才干。这样由基层磨炼出来的员工素质较高。看员工，首先要看人家的长处，用人所长，同时也要耐心地去训练、教育与培养，使之能胜任本职工作。

任何一名员工初来公司，都必须从基层做起。提拔干部特别强调的是要从本公司的人员中物色，隔几个月由领导对员工进行一次考核，然后根据考核结果决定晋升人员。哪怕是最普通、最无背景的小科员，只要有能力，有本事，考核及格，也能得到提拔。所有这些做法都会极大地激励员工，调动员工们的积极性，从而使他们都能出色地完成公司交给的各项任务。

韩国企业家李秉喆从 1938 年 3 月 1 日艰苦创业筹办三星财团的前身三星商会起，在 70 余年的经营企业生涯中，历尽艰难险阻，把"三星"从一个小本经营的贸易商行发展成为一个拥有 24 家大企业的世界性大财团，而且还创办经营了许多文化事业，为"三星"和韩国创造了大量的物质财富和丰富的经营思想。同时，他在创办和经营企业以及文化事业的过程中，还总结积累了以"事业报国"、"人才第一"、"合理追求"为核心的宝贵经营管理经验。他使每一个领导在决定提升员工时，都要做是否该"提拔，再提拔"的周详考虑，以确保人选的合适，这样做不但有利于鼓励他们，更是为了讲原则而不滥用领导大权。

三星财团一个会长在回忆他的一段往事时说："还是在我担任第一毛织总务部长的时候，有一天，突然接到一个任职令，让我到新世界百货店去当领导，实际上，那时我还是个连在新世界百货店卖东西的经验都没有的从山沟里出来的人，并且那时百货店处于经营情况不好、出现赤字和发生事故的时候。"李秉喆为什么任命这样一个对百货店经营毫无经验的人去做负责人呢？这其实是他的一种独特的培养人才和使用人才的方法。只要是他看准的人，就大胆提拔任用，如果提拔以后还有潜力，就继续提拔，给有才能的人提供最大限度发挥潜能的机会。这个新世界百货店的经理虽然只是个既无技术又无资历的来自乡下的普通人，但是，由于他能力强被看中，所以受到重用。他进厂仅 2 年就被任用为第一毛织的一个厂的厂长，不久又被接连提拔为总务部长、新世界百货店经理、社长。在三星，像他那样被提拔、再提拔，担任重要职务的事例是很多的。

当然，李秉喆并不是把人才提拔起来，全权委任工作以后就不管了，而是把人才放到新的岗位上继续培养，关心和支持他的工作，满足他的要求，为他创造各种条件，更充分地发挥他们的才能。李秉喆一贯坚持的用人之道是"疑人不用，用人不疑"，只要是他信任并给予工作的人，就予以充分的信任，使其有信心充分发挥自己的潜力。

提升要讲究原则

提升是对员工卓越表现最具体、最有价值的肯定方式和奖励方式，提升得当可以产生积极的导向作用，培养向优秀员工看齐和积极向上的企业精神，激励全体员工的士气。因此，领导在决定提升员工时，要做最周详的考虑，以确保人选合适。提升还应讲求原则，不能凭个人的喜好而滥用权力。

什么是提升依据呢？一定要根据他过去工作业绩的好坏，这是最重要的提升依据，除此以外，其余条件全是次要的。因为一个人在前一个工作岗位上表现的好坏，是唯一可以用来预测他的将来表现的指标。切忌根据个人的个性或者以你是否喜欢他的性格作为提升依据。提升不是利用他的个性，而是为发挥他的才能。这也是最公正的办法，不但能堵众人之口，服众人之心，而且能堵住后门，让众多的"条子"失效，避免陷于员工间的钩心斗角之中。

这个道理虽然简单明了，可是许多人往往做不到，主要是人们常跟着感觉走，被表面的现象欺骗，以致失去了判断力。在很多时候，提升一个人是因为他同领导干部投脾气，领导干部喜欢他的性格。比如领导干部是快刀斩乱麻的人，他就愿意提升那些干脆利落的员工；领导干部是个十分稳当、凡事慢三拍的人，就乐意提升性格优柔寡断、谨慎万分的员工；领导干部是个爱出风头、讲排场、好面子的人，就不喜欢那些踏实、"迂"的人。这是一个误区。另外还有一点，领导干部普遍喜欢提升性格温顺、老实听话的员工，而对性格倔强、独立意识较强的员工不感兴趣。这样提升的结果很可能是用人失当，被提升者虽然很听话，投领导干部脾气，也"精明强干"，工作却搞不上去。这样做不仅浪费了一批人才，还使一些性格不合领导干部意而有真才实学的人"报国无门"。

所以，领导干部在提升员工时，千万要记住：不管你喜欢他的个性也好，不喜欢也好，也不管他个性乖戾、孤僻也好，温顺柔和也好，都不必过多地考虑，而应把注意力集中在他们以前的工作业绩上，谁的工作业绩好，谁就是提升的候选人。这样既激励了被提升者，也激励了其他人。

▶▶ 减失措施：记住用人之忌

克服拖延时间的习惯

首先，向管理者描绘一种典型的拖延事例。

某天清晨，张某于上班途中，信誓旦旦地下定决心，一到办公室即着手草拟下年度的部门预算。他很准时地于 9 点整走进办公室，但他并不立刻从事预算的草拟工作，因为他突然想到不如先将办公桌以及办公室整理一下，以便在进行重要的工作之前为自己提供一个干净与舒适的环境。他总共花了 30 分钟的时间，才使办公环境变得有条不紊。他虽然未能按原定计划于 9 点钟开始工作，但他丝毫不感到后悔，因为 30 分钟的清理工作不但已获得显然可见的成就，而且它还有利于以后工作效率的提高。他面露得意神色随手点了一支香烟，稍作休息。此时，他无意中发现报纸上的彩色图片十分吸引人，于是情不自禁地拿起报纸来，等他把报纸放回报架，已经 10 点钟了，这时他略感不自在，因为他已自食诺言。不过，报纸毕竟是精神食粮，也是沟通媒体，身为企业的部门主管怎能不看报，何况上午不看报，下午或晚上则非补看不可，这样一想，他才稍稍心安。于是他正襟危坐地准备埋头工作。就在这个时候，电话铃声响了，那是一位顾客的投诉电话。他连解释带赔罪，花了20分钟的时间才说服对方平息怨气。挂上电话，他去了洗手间。在回办公室途中，他闻到咖啡的香味。原来另一部门的同事正在享受"上午茶"，他们邀他加入。他心里想，草拟预算是一件颇费心思的工作，若无清醒的脑筋则难以胜任，于是他毫不犹豫地应邀加入，就在那儿言不及义地聊了一阵。回到办公室后，他果然感到精神奕奕，满以为可以开始致力于工作了。可是，一看表，乖乖，已经10点三刻！距离11点的部门联席会议只剩下15分钟。他想：反正这么短的时间内也办不了什么事，不如干脆把草拟预算的工作留待明天算了。

许多管理者都因无法避免张某那样的拖延恶习，以致到头来一事无成。

导致管理者采取拖延作风的事因大致有三：（1）不愉快的事。（2）困难的事。（3）重大决策的事。至于克服拖延的方法，常用的有四种：（1）各个击破法。（2）平衡表法。（3）思维方式改变法。（4）避免过分追求尽善尽美法。前三种方法适用于对抗因不愉快的事或困难的事而导致的拖延，最后一种方法则适用于对抗因重大决策而导致的拖延。现将这四种方法阐释如下。

（1）各个击破法

这种方法有时被比喻为"香肠切片法"（Salami nique）。"Salami"原是意大利香肠，在切片之前因它巨大无比且其貌不扬，所以令人有难以下咽的感觉。但在切成薄片之后，因形状改变而颇能引起食欲。令人不愉快或令人感到困难的事，若能照样地细分成许多件小事，且每次只处理其中的一件，则这种事情的处理本身将不至于令人反胃。例如一个令人感到尴尬的电话，如非打不可，则可用书面列出以下的行动步骤而予以各个击破：

①查出受访者的电话号码并写下来。

②决定何时打电话。

③翻查有关资料并检查全面情况。

④决定到底在电话中应怎么说。

⑤拨电话。

假如事情本身很艰巨，就逐步进行。采取各个击破法以对付拖延的作风时，有两点必须特别加以注意：第一，每一个行动步骤都要非常简单，而且很快即可做好——可能的话，应使每一个步骤在几分钟之内能处理完毕。第二，每一个行动步骤都必须以书面列明，因为如不这样做，就可能永远不会针对拖延的事情采取行动。

（2）平衡表法

这也是一种书面分析法。在纸的左边列出拖延的理由，在纸的右边则列出办妥拖延的事情的潜在好处。结果，出人意料的是：左边通常只有一两个情绪上的借口，如"可能导致尴尬的局面"、"可能令管理者感到厌烦"等；右边则有许多好处，其中的一项可能是"将讨厌的事做好，轻松了许多"。平衡表法足以令有拖延恶习的人从冷漠与逃避的心态中觉醒，并面对现实。

（3）思维方式改变法

拖延可以说是深植于内心的一种思维方式所造成的结果。正确的思维方式是这样的：

"这种任务是令人感到不愉快的，但是它必须完成，因此管理者将立即做完它，以便尽早忘掉它。"则拖延之恶习将可望获得矫正。

（4）避免过分追求尽善尽美法

由于"真、善、美"在管理者的价值尺度中向来视为最高等级，因此在制定决策时管理者往往过分小心、过分理想化，以致非到资料齐全或有确切把握不敢随便进行。这说明了何以管理者一遇重大事件便会犹豫徘徊，也说明了何以求好心切的作家老是无法写完书的第一章。对那些因过分追求完美迟疑不决的管理者来说，以下的两剂药方相信是有益的：第一，决策环境本身若具风险性，即是具有不确定性，因此想获得完备的决策资料是不可能的。基于这个道理，管理者应在已收集了大多数的关键性资料（即进一步再获得的资料所产生的好处不大）时，立刻进行决策。第二，管理者若能及早进行决策，则当决策显示错误的迹象时，他才有时间采取补救或善后措施。一旦管理者决策拖延到期限满时才予以制定，那么不出错则已，一出错则永远无法挽回。

尽量避免失约或迟到

不要以为约会迟到只是一件稀松平常的事，更不要以为它不足以产生严重的不良后果，事实上，在"守时"被视同美德的社会里，"迟到"是一种难以令人接受的恶习。试想：有谁愿意无端地枯守等候你？又有谁在枯守等候你的时刻，不去思索你的种种缺点？

导致一个人约会迟到的理由大概有以下几种。

（1）担心早到而无所事事。

（2）对时间的敏感性及判断力不够。

（3）处事没有条理而延误时间。

（4）对约会的对象欠缺尊重。

（5）轻视守时的价值。

（6）视不守时为洒脱。

（7）以约会迟到作为显示权威或身份的手段。

假如你是一位惯于约会迟到的人，请根据上述各项理由，作一番坦诚的自我检查，以便找出原因，进而对症下药。为了帮你戒除约会迟到的恶习，现将一些观念与要领陈述如下。

（1）将约会视同契约，约会迟到是一种违约行为。

（2）在每一次约好见面的时间后，立即考虑约会迟到对自身形象及事业生涯可能造成的不利影响。

（3）随时做可能迟到的准备，这样你将提前动身。墨菲法则——如一件事可能出错，那它会在最不应该出错的时候出错——对约会迟到者具有高度的适用性。倘若你担心早到会使约会的对象认为你太着急，则你不妨携带一些读物或有待处理的文件先到约会场地附近的咖啡店。

（4）只要有可能，应尽量避免约定确切的时间，例如不要说"3点整"，而改说"3点前后"或"2点三刻与3点一刻之间"，这样可为自己预留余地。

（5）尽量避免将约会地点定在某建筑物或某标志物之前，以免令等候者站在那儿空等，而难有其他作为。

（6）假如你预计即将迟到，应尽快致电通知对方。

（7）对自己的工作次序应作松弛的安排，以免因其中某一项工作多花了时间，而延误了其他事项（包括约会）的时间。

（8）应事先熟悉约会地点的周围环境，例如交通拥挤情况、停车难易等。

（9）极力避免第二次约会迟到。例如你与某人约会时曾迟到，则与他之间千万别再有类似情况发生，以免被他认为你是不守信用的人。

（10）请秘书或助手提醒你约会事宜，或是利用闹钟作自我提醒。

防止决策独裁专制

在企业的各种"疾病"中，有一个"经营形态"的问题，这里所谓的"经营形态"并不是指有限公司或股份公司的，而是指"同族企业"、"非同族企业"的形态。

日本式的经营有一个特征，那就是"同族企业"。在154万家公司法人之中，"同族企业"占了大约59%。所谓同族企业是指资本与经营未分离的经营形态，亦即由业主并任经营者的企业。如果单纯地由业主身兼经营者，只能说是业主公司而已，并没有什么比较特殊的问题存在，但是这种公司经常出现"独裁专制症"。

如果首脑人物所患的"独裁专制症"严重，干部和员工就会对经营者失去了信心，有时甚至造成对立的局面，使公司笼罩在低沉的气氛下。下面所举的例子也是"独裁专制症"的情形之一。

山田制作所的山田社长赤手空拳创立了这家公司，目前年营业额已达20亿日元。山田先生创业之初，从基层开始做起，任何一种业务都亲自处理，因此他精通各种实务。再加上他性格刚愎，所以任何事都喜欢一手包办，结果导致公司的干部和员工都抱有"我们就是不做老板也会做"或"与其做了挨骂不如不做"的想法，呈现所谓的"四肢无力症"。

公司职员一旦患上"四肢无力症"，社长就进一步追究责任，并且加以痛责，但是他万万想不到问题竟然是出在自己的身上。

"你们既然不干，那我自己来干好了！我和你们不同，没有靠山，我不做谁来做呢？"于是他就亲自插手现场的工作。这件事就如此恶性循环下去，导致干部徒具虚名、毫无权能，使整个企业最后变成一个缺乏实力的集团。

社长一个人的力量毕竟是有限的，唯有把工作分派给各部门的人去做，同时授权给干部贯彻实行，才能提高营业额，以突破瓶颈。但山田制作所因为无法治愈"独裁专制症"，而无法继续成长。

莫以头衔压制下属

在实际工作中，有些领导常以某某头衔自傲，妄发言论或任意否决；平日好管闲事，走起路来也神气十足，傲然不可一世的样子；说起话来官腔官调，喜欢训人。

"年轻人要多学习，像我多年来都是很动脑筋的，为了完成某一项科研，我几乎是埋头在家里，掉了几斤肉拼命苦干的。"

"最近某某在能力上还是比你略胜一筹。"

这类领导就喜欢如此数落人以独善其身，他的下属当然表面不敢吭声，心中却很不是滋味。有些下属甚至下去就把这些载入日记了，专等着有朝一日他倒霉了，再找他算这一笔旧账。

记得《伊索寓言》中有这么一则小故事：

一只山羊爬上一农家的高屋顶上，狼飞跑了过来，却只能急得在它脚下打转。山羊以为自己居高位，野狼无可奈何，便如此骂它："你这大傻瓜，你能对我怎么样？"野狼听了这句话立即答道："你这胆小鬼。骂我的并非你，而是你现在所站的位置。"

用这则故事去讽刺那些以头衔自居的领导，是再恰当不过了。

的确，有不少领导的能力并不比下属高出多少，他们完全是靠"头衔"工作的。最好的证据是当他们快退休时，却发现下属一反常态，不再听其指示了。纵然还有几个趋炎附势的人在手下，这些人也是各怀鬼胎，就像蜜蜂飞向花朵去采蜜一样，这些下属在他身边也只是为多获得一点利益而已。

有一天，当你即将调往别的单位，这些下属就会如海水退潮般离你而去。这种情况还算是好的。若你将届退休年限，他们必会视你为全然陌生之人，以后再不加理会。

"我们认为他和总经理的关系不错，所以，即使他说了些没道理的话，我们也都忍耐了。什么？他现在要调走了？真是太好了，以后谁也不会再理他了，真是活该！"

"他已经辞职不干了，好呀！这下没什么好生气的了。"

你想想看，如果真是这样的话，你落了些什么呢？如果你知道结果会如此凄凉，或许你早就下决心以别的形式干事了。

"早知如此，何必当初"，如果你靠头衔压制你的下属办事，到头来，你迟早会有如此感慨的。

三　管好人

领导成事的看家本领

领导管人手法多样，可从宏观控制，也可从微观入手，总之，让自己的下属都能按照章法办事是最根本的。一般来讲，管人之道绝不能简单化，不能仅凭领导意志制约下属，而是要把工作做到下属的心中去，让他们自觉自愿地奉献自己，这样才能发挥最大作用。聪明的领导管人，能够既让下属感到威力，又能让下属感到可信，这样就让下属避免了"领导高高在上"的心理，从而能放手做好本职工作。当然，领导管人还需要抓人心，必须具备指东打东、指西打西的看家本领。

管好人之策是领导成事的看家本领，主要包括掌权手法、协调本领、解难心计、应对手段、批评方略、表达艺术等，其核心是领导要用自己的智慧把上上下下拧成一股绳，让每位员工都能在"工作流程"中释放智慧和能量！

▶▶ 掌权手法：指挥起来镇定自若

要做一个理智型的掌权者

对于管理者，下属直接面对的是权力化身。不要以为你就是龙头老大，而应该在刚柔兼济之间，不要轻易地发挥你的权力作用，更不要在权力的陶醉中失去理智和自我，否则，你会被另外的权力和民意打垮。掌权之要诀在于让别人尊重你的权力，而不是嫉妒和嘀咕你的权力。

权力是带有强制性手段的，但是在掌权时切忌失去理智，这是企业管理者必须牢记的要点。美国管理学家卡特·本雅克说："永远做一个理智型的掌权者，才能长久地把握权力的时间。"因此，企业管理者要掌好权力，必须学会控制自己、把握自己，针对下属的个性适法行权，才能行之有效。

傲慢型的管理者要改变形象，必须多和下属沟通，让下属知道你并不像他想象中那么傲慢，不可接近。

有言是："其身正，不令则行；其身不正，令则不行。"在这个重视沟通的时代里，一位好的管理者最需要磨炼的沟通技巧是什么呢？

我们的答案是：如何善用身体语言表达自我、洞悉对方。

"沟通"也许是管理类书籍里最常用的一个词，但也是企业管理者们笃行最差的方面。一项研究显示，人们多半要花上80%的时间在说话、倾听、阅读或书面表达等意见沟通行为上。但这还只是口头沟通和书面沟通而已！其他像举止、眼神、手势、面部表情等，也算得上一种意见沟通的方法，我们称之为"无声的沟通"。

改进有声语言和书面沟通的能力固然重要，但是，工商企业管理者在沟通上面临的最大挑战，不是在于如何说得更好，而在于如何从互动过程中真正抓住对方内心的真意。你想做一位好管理者的话，现在最迫切要学习的是如何解读身体语言、掌握身体语言以及活用身体语言，而非说话技巧。简单地说，懂得解读身体语言，你将会在沟通时惊奇地发现："喔！原来你的真正想法是……""啊！他担忧的不是这个，而是关心……"洞悉对方真正的想法，并做好沟通工作。

有证据显示：人类平均一天只说11分钟的话，其余99%的时间都在和他人进行身体语言的"无声的沟通"。

在社交场合的谈话中，大概只有1/3的信息是靠语言在传递，其余2/3是由无声的身体语言来传递的。你有同感吗？

至于在较正式的工作沟通中，身体语言的表达至少不会低于50%的比例。总之，在重视口语表达之外，更要懂得用身体语言去沟通的技巧。

"要达到上乘交际沟通的水平，除了要具备说话的技巧之外，眼神、个性、人缘，还有你够不够坦诚，都是基本的要素。"沟通训练专家德鲁克在《沟通艺术》一书中，明确点出了身体语言散发的信息也是沟通成功的关键因素。

因此，当你和别人沟通时，千万要留意自己的身体语言。否则，就算你口头已传达正确的信息，也无法将自己所要传达的信息全部准确送出。

身体语言有强化口语说服力的功能。懂得如何利用肢体的辅助进一步表现你更真切的情意，将使你的沟通技巧更上一层楼。

当然，一位优秀的管理者会在沟通时，相当注意对方的眼神、手势，熟悉他们的神态与动作，通过仔细的观察，解析对方心中的真实想法；如果做不到的话，还是很难达到真正的沟通效果的。

你希望学会如何洞悉对方心中的想法吗？你希望通过无声的沟通增强你的影响力吗？我建议你：选一本有关身体语言的参考书好好研究一下，当然，你也可以花点钱去听介绍这方面知识的研讨会。

一位管理者因沟通能力不足而遭遇的麻烦和因欠缺其他能力而遭遇的麻烦会一样多，甚至前者可能更多。因此，如何改善人际沟通与能力，发挥潜能，这已成为我们终身学习必修的一门学问了。

强迫他做不如让他主动去做

谁都讨厌被人命令，即令是你的孩子也是如此。"小明，别整天顾着玩，快去复习功课！"虽然他嘴上说"知道了"，却总是磨磨蹭蹭不见行动。在酒店里对服务员说："喂，拿壶水来。"答道："好的。"却迟迟不见水送上来。

在公司里，这样的情形也常有发生。"怎么搞的，计划还没做出来，期限快到了呀！"回答"知道了"的部下却连一点动静也没有。"为什么还不着手呢？""知道了，可是没空呀！"

部下虽然回答了两次"知道了"，但没有付诸行动，这只能算是说服的失败。

嘴里答应却不去行动的人必有他的某种原因存在。其主要原因就是人都讨厌被人命令。不管是谁，在潜意识里总会对命令起反抗之心。

脑子里有某种构想又想象自己能够说服他人，使之付诸行动，这实在是件很棒的事。但是，同样的构想若由上司提出的话，突然间这构想就会蒙上某种色彩。

上司那里来了客人，一个女职员正想站起来为他们倒茶时，突然上司用命令的语气说："你去倒杯茶来！快！"她本来是想去倒的，但在一时间却起了反感。本来是一看就知道的事，根本用不着上司来命令，因此她并不会急着去做它。

"我想去洗手间一下。"说完，她就往洗手间走去。虽然这有点小孩子气，但不管是谁，心里都会有潜在的反抗意识。本来想去做的，但一经人命令，整个的情绪就会变得恶劣而且想反抗。

人总希望自己能够主宰自己的事情，若经别人催促，即使口中答应了，但在某种地方却残留着反抗，成为实行的障碍物。

想要说服你的部下，非从理解人类的这种心理着手不可。

在某次研讨会上，大家正就有关"说服的要点"讨论时，一位学者提出"指示和说服有何不同"的问题。

其实，指示是命令的一种。命令多半有强制的意思。组织一成立，领导者就会拥有权力。就因为其拥有权限，发出的命令或指示富有强制的因素在内，所以部下不得不遵从。此时，对方是在不得已的情况下发生了行为，这就不称为说服。所谓说服是使对方自动、自发地答应某事。

有的人用命令来指挥部下，却认为自己具有说服力。作为一名领导能否不靠命令而用自己的说服力来带动部下呢？关于这点，作为领导者，应该好好地反省一下了。

推动他人的秘诀只有一个，那就是"使对方能主动地起而行之"，这的确是句名言，道尽说服的本质。"使对方能主动地起而行之"，也就是能使对方自动、自发地被"说服"。

如果只是强迫性地要人去做，只会徒增反感罢了，便无法发挥力量，失败的机会也会增多。虽然一样是做，但如能自动自发，就能燃起做事的欲望，因此也会有意想不到的力量发挥出来，下属因此成为可靠的协助者。

说服能使对方感动，单单用压迫是绝不能成功的。不气馁、不断推动是必要的，同时不要忘记要时常引发"自动自发"的意识。

"站着指挥"不如"干着指挥"

有一种无声的命令叫作领导"干着指挥"。这种命令在某些情况下，甚至比有声的、文字的命令更有效、更有威力。这种威力不是靠领导者手中的权力发挥，也不是强制力，而是靠领导者自身的模范带头作用及艰苦实干的作风，这是一种威望之力，也是一种最神圣的指挥。

本来，领导者与下属之间就是组织、指挥和服从、照办的关系。如果你组织得好、指挥得当，你就是一个好的领导者，你对下属就会产生一种吸引力，下属就会自觉地跟着你奋斗，无声的命令就是这么产生的。领导者所负的责任越大，"调摆"的任务也就越大，所以，越是高级的领导者越爱"干着指挥"，也就越能激发下属的积极性。历史上正义的民族战争，如果主帅亲征，能极大地鼓舞士气；如果"御驾亲征"，就更是非同小可；如果不仅仅是督阵，而是亲自上阵杀敌，战士们必能舍生忘死、所向无敌，为亲征者冲锋陷阵。

身为领导如果仅仅是"站着指挥"，就会慢慢地与下属产生一种无形的距离，甚至一道鸿沟，指挥就会失去威力，甚至会完全失灵。特别是"调摆"任务不大的领导者更不能"站着指挥"。试想，一个几十人甚至十几人的单位，那里的"小萝卜头"主任也仅仅是发号施令，不亲自动手，下属会拥护他，亲近他吗？

"干着指挥"对下属的影响在两种情况下最大：一种是领导者在担子最重的时候能选择最艰苦的工作与下属一起干，这道理不言自明。另一种是能参加一些极平常的劳动，比如：打扫卫生、装订文件、整理报纸等，或者一些突击性的活动。从分工来说，这些活当然属于下属工作人员，但你绝对不要认为与自己无关。当你有时间的时候"就势"帮助下属做这些事情，你会给下属一种自重感，使他们感到你看重他的工作，尊重他的人格。同时，你又会给下属一种亲切感，使他感到你没有架子，平易近人，因而愿意在你的手下工作。反过来，如果机械地看待自己与下属的分工，有空也不参加一些突击性的活动，甚至一些"举手之劳"也懒得动手，下属就会觉得在你的手下工作不是滋味，即使目前仍在你的手下工作，也只是暂时性地混着日子，等待跳槽时机。

接受任务要量力而行

对于从事自由职业的人而言，是否能接获新的工作，几乎决定于此人的信用程度。即使是上班族，倘若被指名委派某项工作时，随着评价升高，其他工作也会借机涌入。

如此一来，工作者必定忙碌不堪。尽管手旁已有一大堆工作，仍不断受托新的工作。虽然想予以拒绝，却因担心一旦失去信用后工作机会不再降临，只好勉强接受。然而，这是莫大的错误。如果在忙碌时勉强接下工作，反而会失去信用，这是因为一旦忙碌起来，工作的品质难免受影响，抑或出现逾期完工的情形。"偷工减料！"对方会产生这种想法，下回自然不再登门委托工作了。

曾经推拒过一次并不意味着从此失去工作的机会。只要能清楚解说不得不推辞的理由，必然可以获得对方理解。"如果可能，我也很愿意接下您的工作，但目前已呈饱和状态，本次实在无法承接。因为我不想造成工作品质变低或逾期交件的情形。"如果你能恳切解说理由，感觉："这个人的确是工作努力、认真负责的人啊！"诚实拒绝反而可以增加信用度。

此外，在截止日期受到限定时，如果自认无法如期完成，"到那天为止实在太勉强了"，就必须明确说出来。与其认为勉强却仍暂且接下工作，然后拖拖拉拉地逾期交件，不如当下拒绝更能使对方感到安心。迅速判断自己的能力可及与否，乃是专业的表现。由于对方也了解此点，下回再有工作机会时，仍会登门委托。

自知绝对无法完成却仍接下工作的外行人是无法获得信赖的，只有那种人才会在工作品质降低或延期交件时，以自己太忙碌作为借口。如果利用这种方式推卸责任，下一个工作机会也必定跟着丢失。

忙碌乃是勉强接下工作所造成，责任在于自己，与委托工作的另一方完全无关。

更何况，由于积压其他客户委托的工作而延迟完工的情形，会让人产生不愉快。"既然如此，为何当初不明确拒绝？"对方大概也会如此想。

如果能尽早判断出自己无法按时完工，对方可以采取委托他人或延长期限等相应方式。

软硬兼施，恩威并济

作为一个领导，要掌握苛责和感情输入的良好运用。苛责过分，下属会认为你不近人情，对他缺乏理解，从而产生逆反心理，消极怠工，不愿干出成绩；感情输入过分，会使你显得比较软弱，缺乏应有的威慑力，下属也会对你的命令或批示执行不力甚至是置若罔闻。那么，如何才能更好地把握这个尺度呢？

（1）要记住赞扬是必要而且有效的。哪怕是下属只是有一点小小的进步，也不要忘记对他表示你的赞扬和认可。

（2）要成为言出必行、言而有信的领导，这样的领导者更容易产生威慑力。规章制度一经形成并得到下属的认可就应产生效力，无论是谁，都该按制度办事。当然，你自己应当首先遵守。

（3）赞扬要简短，不要说起来不停，那样就会失去赞扬的应有作用。

（4）某些自己可以做的事情就尽量自己去完成，不要总是麻烦你的下属。

（5）地位和交流同等重要，整天板着面孔并不能增加你的领导魅力。

（6）给下属以惊喜。你可以在大家都想不到的时刻请大家吃顿饭，为某个下属开个生日聚会，甚至以私人身份突然敲开下属的家门。但注意这些行动不要过多过滥，否则下属会以为你在刻意收买人心。

（7）不要以为自己是全知全能的，你可以从下属身上学到很多东西。

（8）工作之余，下属们难免会聊上几句，谈论一会儿大家关心的问题，你也可以参加，但不要忘记你是领导者，这样的"小型座谈会"应该由你首先决定在恰当的时候结束。

（9）不要因为两次类似的失误而完全否定个别下属的能力。大家都有过犯错误的经历，而且相同的错误并非不会再犯第二次。时机允许的情况下，你可以把任务交给他一个人去完成，这样他会更加谨慎小心地完成这项他认为来之不易的工作。

你交给下属完成的工作非常多，你也不可能有精力一一过问，所以，完成的结果往往并不能与你预想的一致。遇到这种情况，不要只是一味地对下属大加责难。只要事情有所成而没有搞砸，那么你就有必要进行赞赏。

基恩是美国新泽西州的一家证券公司的经理。他虽很年轻，但他的经营业绩却比许多在证券业发展多年的经营者还要好，而且他的下属们也个个精明强干，都能很好地完成自己的业务。基恩的工作就是统筹调配，搞好整个公司的宏观把握。许多公司都想从他身边挖走他的助手，但没有人成功过。他们好像粘在一起似的，是一个具有极强凝聚力的团体。

那么，是不是他和他的助手都比别的从事证券业的人更有能力呢？从基恩自己的叙述中我们即可尽知详情：

"许多人都以为我们的公司职员个个都非常出色，其实这犯了一个大错误。在很多时候，这些愣头愣脑的家伙都把交给他们的工作弄得一团糟，搞得客户对他们甚为不满，我就得放下手中的活计为他们填补这个漏洞。有时我就想，我这是干什么呢，简直是费力不讨好，我甚至想解雇他们，但最终我忍住了。

"不要以为我会因此饶恕他们，我会狠狠地批评他们一顿，甚至把他们说得一无是处。但是，我仍旧会把工作交给他们去做，而且对象仍是他们所得罪的老客户。自己惹下的祸事得由自己来搞定，否则就可以退出，我不会阻拦的。我会在自己认为恰当的时候把我的夸奖毫不吝惜地分给他们。至于物质奖励，我也擅长，我让他们自己选择应该获得物质奖励的人，而他们的选举结果也往往与我的想象大致合拍。

"我不以为自己做得很出色，应该说我也许付出了比别人更多的努力。我相信一分辛劳、一分收获的古训，而我的下属们也非常赞同这个观点。"

该强硬的时候必须强硬，该温情的时候也必须温情。下属的潜能究竟有多少，有时连他自己也弄不清，而能够使其尽情发挥的原动力就是你的工作方法（正确而有效的方法）：使其感到尊严的存在却又承认你的领导地位，同时让他明白工作不单是为他个人，也是为了整个集体，这样就能使下属更好地工作。

如果有一天你一觉醒来，觉得自己的情绪非常糟，连你平常很爱护的妻子和孩子都看不顺眼，总想和他们发一顿脾气，那么，你一定要不停地提醒自己，切莫发火。如果有可能，你可以找自己最亲近的人倾诉一番，或者找个机会把心头郁积的火气发泄一下（比如在一个空旷无人的地方大喊大叫一番）。千万别带着这种郁闷烦躁的情绪去工作，否则你的下属将会遭殃，他们也会因此而丧失对你的信心，因为你连起码的自控能力都没有，就更不用说成为优秀的管理者了。

精神烦躁、心绪不宁甚至坐立不安是繁重劳动的负效应，这是很正常的，你不要因此而以为自己是成就不了大事业的人。遇到这种情形，最重要的是你要先设法使自己平静下来，而后才能考虑其他事情。作为一个成功的管理者，不能靠情绪统驭你的下属，而要依靠你的头脑、智慧及你的分析能力。

下属们所怕的不是你狠狠地责备他们，而是不给他们表现自己的机会。所以，对于下属，责备、批评和承认、赞赏同等重要：责备和批评能够激发下属改进的热情，而承认和赞赏则恰恰能激发下属创新和进取的欲望。古代有许多杰出的军事家和领导人物，一方面他们有着卓越的指挥作战才能，另一方面也有着高超的统驭下属的能力，这些下属肯为他们做一切可以做的事情，甚至牺牲自己的生命，关键在于他们能够融情于理、于法，法情并重，情理并重。

▶▶ 协调本领：左左右右都畅通

协调好与上司的关系

当你觉得下属对你有不合理的期望与要求，或是他对你的要求不理不睬，你一定十分不快。而你对上司的态度可能也不怎么高兴，甚至会觉得十分沮丧，这时你该如何是好？不用急！一定会有适当的方法来化解这些冲突，但首先你必须先分析一下上司的个性，再好好回答下面的问题。

（1）你的上司是喜欢你提书面的建议还是突然造访，或者是你正式地求见？

（2）你的上司是喜欢和你逐条详细讨论，还是只就重点而简短地讨论？

（3）你的上司是处于被动的地位，还是希望主动而有建设性地和你沟通？

（4）你的上司对某些人是否有偏见？或是对某些人特别"照顾"？

（5）你的上司会接受负面的批评还是只希望听到"歌功颂德"的

一面？

（6）你的上司是喜欢亲自动手去解决问题，还是让你自己去解决？

（7）你的上司是什么事都对你说还是有所保留？

你的工作态度与个人风格是否与上司合得来，这是一个关键性的决定因素。譬如说，你有一个十分沉稳的上司，那你一定也要表现得不慌不忙；如果你的上司凡事都要求速战速决，但你还是一副温吞水模样，一定会被他"修理"的。

摸清你的上司是哪一种人是第一步骤，接下去就是了解你是哪一种人，然后再看看该如何做才能符合他的期望，以及做部属的该如何应对才能讨到他的"欢心"。

搞好你们两人的关系是你们共同的责任，谁也不能推卸。另一方面，你也要明白他有他的工作压力，他也要面对他的上司。

当你的上司对你有所不满时你就要注意了，如果他的不满是合理且正当的，那你就好好地感谢他一番，然后再告诉他自己将如何改进这个缺点。如果他是毫无道理地对你乱发脾气时，也应该这样说，然后一定要解释说你了解他的苦衷与沮丧，但不应该毫无道理地发泄在你身上。当然，最重要的是你必须乐于和他一起思考如何解决这个问题。

当一个领导干部就像做父母亲一样，是一种技巧，也是身为导师、身为教练、身为领袖以及身为权威人物的一种气质与倾向。为什么有些领导干部比另外一些领导干部称职呢？每个人都有他的优点与缺点，如果你不能改善与上司间的关系，你该换老板了，除非你的工作能保证让你一辈子不和他接触，否则我劝你还是另起炉灶——换个工作算了。

个别谈话是协调上下级关系的有效手段

个别谈话的定义是一对一的协商。在这类协商中，你可以检查属下的工作成绩是好是坏，同时也可以发现他有些什么困扰和高兴的事，有时候你还可以发现很多出乎你意料的东西。个别谈话加上现场视察，可以让你深入了解团体的健康情形。

在作个别谈话时，有两项重要因素你不能忽略。第一是选择最适当的时间，第二是弄清楚在个别谈话中你到底想谈些什么。

很多机构要求领导干部按时和所有员工作个别谈话，通常是一年一次。定期作个别谈话是件不错的事：你和个别谈话的对象都知道个别谈话的时候到了，就可以预先做准备；对那些平日沉默寡言的领导者或追随者而言，定期作个别谈话可以保证双方有机会说话。不过，定期作个别谈话虽好，但还嫌不够。

以下是柯汉初入工商界的领导经验。柯汉雇请了一位年长的人，他的工作经验远超过柯汉，从各方面来说，他都做得很不错，不过有一样不好：他常弄得柯汉下不了台。当柯汉给他分配工作时，无法指望他会按规定的期限完成，责备他也没有用。在其他方面，他都表现得很好。他会按照柯汉的吩咐做事，态度也相当恭敬，但要是想让他完成一项计划总需要三催四请。你无法让他独自工作而不误了期限，而柯汉又没有时间去让他尝尝误了期限的"教训"。

柯汉想和他特别作一次个别谈话，好好讨论这个问题，可是总抽不出时间来，柯汉似乎老是这么忙碌。柯汉想到，他到职 6 个月后，他的起薪必须考核、调整，这时候一定得和他作次个别谈话。柯汉决定利用这次机会和他来一次深刻的讨论。他年纪比柯汉大，经验比柯汉丰富，也许他能找得出某个解决办法。

然后，考核、调整薪水的日子来了。现在柯汉又有了一个问题：他工作做得很好，而他这种拖泥带水的毛病还是不改，假若给他加薪，等于是承认他这个既成事实，他更是不会改了。

因此柯汉决定，由于他这个毛病，建议不给他加薪。不过，柯汉同时加上一笔，在90天以后再做薪资检查。

在作个别谈话时，柯汉问他是否分配给他的工作太多，他说没有。柯汉向他解释为什么不能给他加薪，同时也告诉了他补救的办法，另外向他提出几种按时完成工作的方法。他听了大感意外。他说，他一直在等柯汉催他，他以前工作的公司用的就是这种作业程序。

就这样，柯汉没费多大力气就将他的毛病改正过来。在这次个别谈话以后，每次他都是按期限完成交代的任务。90天期满后，他毫无困难地获得加薪，他们之间的工作相处再也没有什么困难。

在这件事上柯汉白白浪费了6个月的时间，才将状况扭转过来。他发誓以后不再容许这类情形发生。的确，自那以后再也没有发生过类似情形。

除了属下要求和你作特别个别谈话的情形以外，在下列各种时机你应该找他作个别谈话：

（1）工作不力时；

（2）你想就某件事听取他的意见时；

（3）你认为可以协助他时；

（4）你想检讨过去的行动或计划作为经验时；

（5）你想对未来行动提出建议时；

（6）确定有某种问题发生时；

（7）其他任何你认为有沟通必要时。

有些领导者认为，个别谈话是一件轻而易举的事，用不着什么筹划。这是一种非常错误的想法。你应该针对个别谈话的目的，明白地将要讨论的项目预先列出来，并写出有哪些问题是要问的。

当然，你也得准备坦诚地回答对方所提的任何问题。此外，你本身也不要怕提问题。

美国前纽约市市长柯奇每到一个地方都会问别人："我这个市长干得怎么样？"他并不是每次都得到肯定的答复，但每个答复对他来说都是可贵的资料，使他能明了他和他的属下在治理纽约市的政务中有哪些是对的，哪些是错的。

皮利少将也建议一个领导者在作个别谈话时，应问下列这些问题：

（1）你对团体的哪些方面最感满意？

（2）周围环境你对哪些方面最感厌烦？

（3）你对团体有什么改进意见？

（4）你认为团体中现有的哪些政策、策略、分支机构、制度或类似的事物应该废除？要采取何种计划步骤，是立刻废除？明年废除？还是5年中逐渐废除？等等。

（5）依你的判断，在这个团体里谁最具创造才能、最乐于助人和最肯合作？

（6）你在这个团体中服务，个人有什么目标？

（7）下一步你喜欢在何处做何种工作？

（8）你认为自己最大的缺点是什么？

（9）目前你是否正在实施改进自己的计划？

（10）你认为自己下一步是否有晋升的机会？在多长时间以内？

我的领导方式和决定，有哪些使你最不满意？

最浪费你时间的是哪3件事？

你为团体订下了哪些目标？

请评估过去6个月中，整个团体、你所属部门或你所领导单位的业绩。请指出最高和最低成效期。

请注意，皮利将军所列出的问题，对你的团体也许有些适用，有些不适用，所以，在应用时应考虑到你的团体的特性。

有这样一位成功的领导人，他每次接管一个团体时，都是用同一种个别谈话方式。他会问每个属下："你的工作情形怎样？""有什么困难？我如何能帮助你？""我用什么办法可以使你的工作轻松些？"看来，这几个问题已经成他的看家本事了。

个别谈话使你和属下有机会畅所欲言，不必顾忌，而且不会毫无意义。只要你将个别谈话技巧运用得正确，你可以发掘出属下内心深处许多你以前所不知道的东西。《圣经》上有句话说："祈求，你就会得到。"在进行个别谈话时，这句话是很好的建议。

协调与内部关系的重要性

协调是领导艺术中至关重要的成功之道。

大约在1973年，中国台湾有位医生，颇有资财，行医之余亦想经商。他从国外取得一种极有功效的胃药在中国台湾地区的代理权，欲在省内销售。他虽然拥有如此优良的产品，但对销售却一窍不通。经朋友介绍认识了几位专跑西药房的业务员，这几个业务员不但年轻，而且学历很高，对发展事业更是雄心勃勃。双方在极富诚意的条件下，可说一拍即合。他们各自出资若干组织公司，并共推这位医生任董事长，几位业务员则分别担任企划、业务经理及各区的负责人。

这几位年轻人年富力强、干劲十足，又颇有现代经营的观念，且对开拓市场有其独到的手法。所以产品上市不到两年，不但产品知名度高而且销售渠道健全。加上产品品质优异，价格公道，受到广大消费者的欢迎，业务蒸蒸日上，公司盈利增加、组织扩大，几位股东莫不笑得合不拢嘴。

可是好景不长，因为公司赚钱所带来的虚骄之气使得董事长与干部之间日增不和。双方在经营管理上的看法不同，摩擦及异见使得公司上下呈现不安与不和谐的气氛。

站在董事长的立场来看，开拓市场并不是一件困难的事。这项产品是我引进的，我出的钱也是最多，赚钱当然我应分享最多。何况现在产品的销售如日中天，在消费者心目中已建立起信赖感与权威感，有没有你们这批干部对公司来说已无足轻重。

可是以这批干部的立场来说，尽管董事长确有眼光引进该产品，出的钱也最多，但是如果不是我们这些人的策划开拓，哪会有今天的成果？因此，除了成就感以外，当然想要多一些实质的利益，可是，如今董事长似有过河拆桥之意，自然愈想愈不值得，愈想愈不甘心。

由于双方立场各异、各怀鬼胎，摩擦遂愈演愈烈，再加上人事安排的私心，愈增双方的误解与怀疑。于是乎，这几位干部相商之下共谋私利，一方面私下自行进口该种药品，一方面在地下工厂制造仿冒商标的假药。

事情演变到这个地步，可说双方已各走极端，无法挽回，因内讧而决裂散伙已是不可避免的了。

合伙人决裂散伙并不是什么大不了的事，但是干部这一方因私造假药仿冒商标而锒铛入狱，董事长这一方面则因市场上伪药充斥而致产品乏人问津，业务从此一落千丈。再加上同类产品乘虚而入，在无利可图的情形下，董事长只好草草结束公司。

5年来由双方惨淡经营终于获得成功的一家公司，就因为内讧而走上自杀之途，相信事后双方皆会有悔不当初之憾。

事实上，我们从客观的立场来分析这件事，双方皆有不是之处。裂痕初现的时候，如果双方都能站在对方的立场考虑，稍作让步，相信事情绝不会搞到不可收拾，以致两败俱伤，让别人坐收渔利的地步。

协调同级关系的五种绝招

工作中，在协调同级关系时，有五种绝招值得借鉴：

（1）重组。有时候，同级提出处理非程序问题的意见之所以行不通，并不在于意见本身一无是处，而在于意见中的个别要素排列位置不尽合理。这时候，只需将这些要素调换一下模式，变换一下结构和顺序，就会产生新的结果。

（2）移植。有时候，将自己或同级的某一被"搁浅"的建议移植到另一个工作领域，用来处理某一特定的非程序性问题，往往会收到意想不到的奇效。

（3）变通。将同级提出的看似难以实行的处理办法稍加变通，诸如"放大"、"缩小"，或者变换其中的某一要素，有时往往会成为令人惊讶的理想处置方案。

（4）杂交。生物之间的杂交可以产生良种。通过"杂交"同级之间的不同意见和想法也能产生创新思维，促使一种全新的工作模式和同级之间新型的协作关系诞生。

（5）综合。如果同级提出的处理非程序性联系的某些不尽完善的主张和建议，可以将自己的和其他同级的合理意见加以综合，最终形成新的处理意见。

运用创新思维是立志成才的领导考虑和处理新时期同级之间的工作配合、建立新型的工作模式和非程序性联系的必不可少的领导艺术和工作手段，对此应该予以足够的重视。

▶▶ 解难心计：天下最有杀伤力的是矛盾

化解矛盾的六种武器

领导者在化解与下属之间的矛盾时，也正是自己树立威信的关键时刻，你的思想水平、个性品质、管理才能、领导艺术正好体现在这里，因此要注意以下几方面。

第一，敢于主动承担责任。

领导者决策失误是难免的，但因决策失误使下属工作不理想，就应多注意。上、下级双方都要考虑到责任，都会自然产生一种推诿的心理。如果你把过错归于下属，怀疑下属没有按决策办事，或指责下属的能力，这样极容易失去人心，失去你的威信。在这个时候，你应勇敢地站出来，自咎自责，紧张的气氛便会马上得到缓和。如果的确是下属的过失，而你却责备自己指导不利，变批评责任者为主动承担责任，更会令下属敬佩、信任、感激你。

第二，善于容人。

尽量排除以往感情上的障碍，自然、真诚地帮助、关怀你的下属，不要流露出勉强的态度，这会令人感到别扭。不感激你不合情理，感激你又说不出口，这样便失去了行动的真实意义。不能在帮助下属的同时批评下属，因为如果对方自尊心很强，他会拒绝你的施舍，这样非但不能化解矛盾，还会闹得不欢而散。

第三，排除自己的嫉妒心理。

人人都讨厌别人嫉妒自己，都明白嫉妒的可怕性，都想办法要化解对别人的嫉妒。但化解自己的嫉妒最艰巨、最痛苦。下属才能出众、气势压人，时常想出一套高明的主意，把你置于无能之辈的位置。你越排斥他，双方的矛盾就越尖锐，结果可能导致两败俱伤。此时，你只有战胜自己的嫉妒心理，任用他、提拔他，任其发挥才能，才会化解矛盾，并留下举贤任能的美名。

第四，允许下属尽情发泄。

领导工作有误或照顾不周，下属便会感到不公平、委屈、压抑。不能容忍时，他便会发泄心中的牢骚、怨气，甚至会直接指责、攻击、责难领导。面对这种局面，你应这样理解："他来找我算账，是对我的一种信任、重视及寄希望的表示。他已经很痛苦、很压抑，用权威压制对方的怒火无济于事，只会激化矛盾。我的任务是让下属心情愉快地工作，如果发泄能令其心里感到舒畅，那就令其尽情发泄吧。我没有好的解决办法，唯一能做的是听其诉说。即使很难听，也要耐着性子听下去，这是个极好的了解下属的机会。"如果你这样想并这样做了，你的下属便会逐渐平静下来，日后也许他会为自己说的过头话或当时的偏激态度而向你道歉。

第五，把隔阂消灭在萌芽状态。

上下级交往，贵在心理相容。彼此间心理上有距离，内心世界不平衡，积怨日深，便会酿成大的矛盾。把隔阂消灭在萌芽状态并不是难事。比如：见面时先开口，向对方打招呼；在合适的场合，适当地开开玩笑；根据具体情况做些解释。对方有困难时，你应主动提供帮助；多在一起活动，不要竭力躲避；战胜自己的"自尊"，消除别扭感。做到以上几方面，你就会很容易消除与下属间的不快增进之间的关系。

第六，有必要时应主动反击。

对于那些不知好歹的人，必要时必须予以严厉地回击，否则不足以阻止其无休止的纠缠。和蔼并不等于软弱，容忍也并不等于怯懦。优秀的领导精通人际制胜的策略，知道一个有力量的人在关键时应为自己维护自尊。唯有弱者才没有敌人。凡是必要的战斗都不能回避。在强硬的领导面前，许多矛盾冲突都会迎刃而解。

适当处理好矛盾

我们在生活中难免与别人发生分歧。处理矛盾和冲突必须有理、有力、有节。面对冲突，成熟的人强调"忍"，多说好话，避免争吵，但是也要用一定的手段，维护自身的合法权益。

（1）多说好话，避免争吵。

容易与人争吵者往往有三个毛病：一是说话含混，不坦白，不能准确地表达自己的意思；二是口气生硬，措辞激烈，没有回旋的余地；三是自以为是，盛气凌人，听不进别人的劝告。

所以，我们在和同事的交往中要好话好说，而不能个性太强，应表现出克制的态度。

①对于同事间的不同看法，最好以商量的口气指出来。

商量的口气意味双方在地位上是平等的，容易被对方采纳；在语气上是平和的，对方听了舒服；在人格上是对对方的尊重，对方感到有面子。所以对方会对你表示友好，你的话对方也听得进去。

②听取对方的意见要耐心，不要自以为是进行反驳。

你要留心对方意见中合理的部分，及时地给予称赞，使事情朝着有利于自己的方向发展。遇对方持不合作的态度时，自己要冷静，要为能合作创造条件。

③心胸开阔，能体谅对方在过激情绪下的言辞；不刺激也不抓住对方不放。

一些生性敏感的人一遇到不顺心的事，火就不打一处来，如果你再寸步不让，势必形成冲突的态势。

记得一位作家说过，原谅对方的过失才能成为朋友。同事之间只要能互谅互让，有些冲突是完全可以避免的。

（2）能忍就忍，不可由着性子来。

要缓解和避免同事之间的冲突，忍是一个非常重要的方面。古训就说，小不忍则乱大谋。不能忍，就可能自毁前程。

历史上的韩信能忍，他敢受"胯下之辱"；孙膑能忍，不怕装疯卖傻。韩信终成大业，孙膑留下了兵法。

某电器公司的小李很会忍。他住在同事的家里，几乎把闲暇时间都用在了和这一家人的相处上。同事的妻子又最难缠，经常找他做一些粗活和杂活，而房租一分钱都不能少。要不忍，早就一搬了之！可他忍了，一住就是三年，他和房东倒成了莫逆之交。

在单位里，人事复杂。有排挤，有羞辱，有指桑骂槐，有代人受过，因此，你免不了要忍气、忍苦、忍劳、忍怨。困境当中，你不忍就会冲撞别人，给自己的事业造成不必要的麻烦。许多中年人谈起过去的事，都说那时候太冲动，若能忍一忍，也不是今天这光景。

人的一生中会碰到许多不如意，你能忍受第一次苦难、第一次委屈、第一个白眼，就能控制你的情绪，就能左右你的意志，你也就会进一步走向成熟，这样才会成就一番大事业。

还要时刻记得，单位不是自己的家。和人相处，你不能由着性子来。

小李大学毕业后，分到政府的一个部门工作。有一次他起草了一份全年工作的意见，呈给主任看，主任当时没说什么。可打印以后，主任却说这里要改，那里要动，小李认为是主任故意折腾他，和主任在办公室里就干上了。最后更是吵得不可开交，临走，他把文件往桌上一甩，说："谁能干你找谁去！"

他半年没有上班，发现找不到更好的工作后，又通过人找主任说好话，好在人家大人不记小人过，可再也没有在工作上重用他。他在机关里待了八年，还只是一个工作人员。

人生在世，不能由着性子来。你不是天地间的唯一，你只不过是单位或者公司里的一个棋子。所以，你不可能想做啥就做啥，你一遇到挫折或不满意就给人脸色，或躺倒了不干，你辞职谁会在意呢？现在求职的人很多，你前脚走，后脚就有人进来，人家有时还巴不得，叫你让开板凳好待客呢。

你碰到问题就使性子，不是解决问题，而是导致冲突。这实质上是一种简单的逃避行为，无论是从眼前还是长远来看，对你的人际关系和未来发展都是极为不利的。你由着自己的性子来，一旦给人形成不能自控的印象，就可能永远不能翻身，而这是做下属的大忌，要学会忍辱负重，要能够三思而行，这样你才会逐渐地摆脱困境。

（3）壮起你的胆子。

面对冲突，你首先要有胆量，用自己的胆量灭掉对方的威风，让他对你从心里产生怯意，这样，你就已经胜了三分。下面是一些壮胆的具体方法。

①先在心里打倒对手。

感到对方对自己形成威胁时，不妨想想他的弱点。在你目所能及的范围内寻找他的毛病，用以消除你的紧张和胆怯。

②提高声音，用高声武装自己，制造压倒对方的气势。

宏大响亮的声音能够使自己产生坚强的信心，同时给对手施加压力。"嗓音增强信心"，其产生的效果也是非常明显的。可以说，声音是天生的武器，发挥得好，会使你勇气十足、信心十足。

③用你的眼睛盯视对方，给对方施加压力。

"此时无声胜有声"，用这种方法可以给对方一种心理上的压力。这样做不但不会受到对方的威胁，而且还会使对方不得不注意被你盯视的部位，使他心理不稳定，注意力不集中，以此收到对你有利的效果。

④参与竞争时，摆好身体架势，震慑对方。

在进入竞争状态时，人的形体动作也可作为增强自信心的武器。比如在体育竞赛中，有的运动员有意识地昂头挺胸，摆出一副无所畏惧的架势，以增强自己战胜对手的信心。

当然，壮起胆子实际上只是为自己打气，要真正提高自己，还需要在实践中增加才干。因为社会的竞争，说穿了便是人与人勇气的较量、意志的拼搏、才智的争夺。

如何化解矛盾

商界竞争非常激烈，谁都无法否认它是一个你死我活拼命争夺的现实世界。当然不必因此而耍诈欺瞒，但是，如果被对方设下圈套，一定要予以反击；否则一旦落入对方的圈套，不仅自己蒙冤受损，恐怕还会招来周遭人的嘲弄。

假设你是个工作效率极高的人，相比较之下，同事个个似乎都被工作压得动弹不得。于是，本性使然，就会从旁指点别人该"这么做"，或者自以为是地"插手管"。

心里原本期望别人的几句赞美，不料，对方却说："那么全部让你做吧！"别人的工作就硬推到自己的身上来。

这样只会使自己受损。在这种情况下，该如何维护自己的利益，给对方无理的遁词以反击？这里介绍几个反击的方法与诀窍。

（1）不要做无畏地争执。

不要慌张地争论说："没这回事！"或："这不是你的工作吗？"要沉着地应对，并且以下列的方式做说明就可以："这个做法是老师傅教我的，并不是我特别聪明，只要懂得方法，任何人都可以做得很好。"

（2）转变视点。

被别人似是而非的话语慑住时，往往一时之间无言以对，进而掉入对方的圈套，那时就要转换一下角度来处理。

（3）确定事实的真相。

带恐吓或煽动性的言辞大都言过其实。"大家都不想干了"、"经理今天怪怪的"之类说法，要先确认之后再做判断。

（4）不要拘泥于细枝末节。

对于芝麻绿豆之类的小事，不要一一计较，退让一步就好了。

（5）偶尔也要表示强硬的态度。

对于小看自己或者做法卑鄙的人要给予强烈的反击。

让下属"气顺"

调解员工纠纷的艺术就是协调人与人之间关系的艺术，也是教育人、团结人的艺术。善于调解纠纷是成功领导者必备的基本功。

（1）周密调查，认真分析。"没有调查就没有发言权。"要调停纠纷，首先得做周密的调查，既要了解纠纷的起因、经过、现状和趋向，又要了解各方的观点、理由、要求和动向。通过调查弄清纠纷是"公务型"还是"私愤型"？是无原则纠纷，还是原则冲突？是认识上的分歧，还是利益上的对立？经过分析抓住纠纷的本质，以便得出正确的结论。

（2）坚持原则，以理服人。调解纠纷忌带私心。领导者应该坚持原则、依据事实、对照政策，力求公正无私、以理服人。

（3）因势利导，因人而异。具体方法如下。

①春风化雨法。既要"春风熏得游人醉"，说些好听的；又要不失时机地"料峭春风吹酒醒"，使纠纷双方对你心悦诚服。

②单刀直入法。对不太复杂的纠纷，可把当事人一起招来，当面锣，对面鼓，把矛盾揭开，"打开窗户说亮话"，当场解决。

③含糊处置法。在某些特定条件下，对一些无原则的纠纷，可"各

打五十大板"，采用此法使纠纷双方受到批评、教育和处分，让其从噩梦中醒来，以维护团结。

④缓机处理法。如调解时机还不成熟，不妨暂缓一步，待以后择机行事。但这必须用于纠纷已经处于比较稳定的状态，暂缓处理不会出问题的状况。

⑤彼此退让法。通过协商迫使矛盾双方各自退让一步，达成彼此可以接受的协议，但应注意不能让有理者吃大亏。

⑥侧面入手法。有时纠纷复杂，问题棘手，正面强攻难以奏效，此时应灵活机动地从侧面入手，迂回前进。或让对当事人极有影响力的人去做工作，"一把钥匙开一把锁"。

⑦高温加热法。对当事双方在批评、教育的基础上，采取行政手段或组织措施，限期他们改正、和解。具体可采取民主会诊、责令检查、通报批评等方式。采用此法，应考虑当事人的心理承受能力，不能盲目"加温"，以免"欲速则不达"，出现意料不到的问题。

⑧情感感化法。在调解纠纷的过程中，为缓和矛盾，避免大的冲突，应让一方采取高姿态去感化另一方，实现"将相和"。采取此法的前提是纠纷一方尽管有一时之愤，但觉悟较高，一经点拨，便能识大体，顾大局。另一方虽然一时八匹马拉不回头，但也并非顽石一块。

⑨回避让路法。在处理纠纷时，如因调停者措施不妥而使调解工作陷入僵局，调停者要从大局利益出发，主动回避让路，由领导班子中的其他人出面调停，解决问题。

⑩似退实进法。有时为了缓和矛盾、顾全大局，在说清道理之后，可对纠纷双方的要求做些不损害大原则的妥协和让步。

处理反对意见的七种方式

领导在处理反对意见时，可采用以下七种方式。

（1）倾听法。

戴尔·卡耐基的说服原则之一就是"多让别人说话"。它在处理异议时相当管用。我们为了说服对方购买，往往话讲得太多，反而得不到好效果；敞开心扉，专注倾听，甚至鼓励准顾客把全部的、真实的想法表达出来，才是正道。

利用倾听技巧，你可以不着痕迹地引导对方积极地采纳你的意见，接纳你的观点。

倾听并不困难。倾听有四个主要原则。

①沉默是金：让对方畅所欲言，纵然你不同意他的观点，也不可急着想打断对方的话，一定得耐住性子听他全部说完。这样，你才能知道他抗拒你的真正原因。

②认同回应：适时以嘴或动作来表达你对对方的话的认同，这样可以使对方很安心地说出真意、感受，进而使对方能够和你一样平心静气，公平衡量争论事情的利弊，改善双方原本对立的关系。

③设身处地：真诚地从对方的角度去听出他话中的弦外之音。在设身处地为别人着想之前，先得放弃自己的成见。

④用心去听：去除来自你思想、情绪和感觉中所有的杂念，使自己完全专注于对方的言辞、动作和表情。如此，你的倾听必收十倍之效。

脸部表现出尊敬、惊喜、欣赏等真实、自然的表情，这种倾听法很快就会变成你魅力的一部分。只要你熟练地运用这种充满善意的倾听技巧，你将在处理反对意见时更得心应手。

（2）感受法。

如何有效处理反对意见？曾有一位实力派的销售高手以擅长运用"先处理心情，再处理事情"的法则而声名大噪，成为商业界高收入者之一。

"先处理对方的心情"，这种手法就叫作感受法。你可以向对方说"我能够体会您的立场"，或者说"我可以了解您的感受"。你这样对对方的观点表示心领神会，他就会产生好像疑惑将逝之感。如此，你就能在反对意见尽消的情况下，轻而易举地进行利益诉求和商品展示了。

例如可以这样说："陈先生，我能够体会您现在的感受。以前我接触过的几位朋友也都有同样的感受。然而，他们在试用之后，都觉得相当满意……"

"我一点也不奇怪您有这样的想法，因为我开始也是这种感受，但后来我又仔细研究了一下，发现……"

（3）不理会法。

你发觉对方提出的反对意见是假问题，且与正进行商谈的主题无关时，你可以运用不理会法，直接轻描淡写地带过，不必处理，而立刻进行主题的叙述。

例如："林大哥，您真幽默！如果连您都负担不起这些钱，我们这里恐怕就没有人能付得起了。这个产品最吸引人的地方是……"

"您说得好，每个有经验的人都偶尔买些低劣的商品，至少都吃过亏。但您不能因为偶尔吃一次夹生饭，就永远不吃饭了。请您仔细看看我们的产品……"

有一点要特别注意的是：要是对方再度重提老问题，就不可再等闲视之了。

（4）反问法。

当对方反对意见不明确时，你可以运用反问法澄清和确认问题的内容，再进一步讲解。这个方法可以让准顾客将他的见解、看法说得更具体、更详尽、更真实。

例如："许先生，慎重考虑是绝对必要的！您一向是稳扎稳打的，这种事当然不能随意作出决定。那我可不可以请教您一个问题？不晓得您所考虑的是哪一部分？是设计本身，还是工作的时间表呢？"或："李先生，能不能请教一下，您为什么觉得这个计划太复杂？"运用反问法的好处是，对方答复你的问题后，主控权就被你夺回，不要忘了，赶快引导到主题诉求上来。

（5）反弹法。

利用对方的反对理由作为说明的理由，这是处理对方反对意见常用的和最具效果的方法。反弹法又称为"将计就计法"。

运用反弹法贵在借力使力，把攻守形势扭转过来。在陈述说理时，应当避免讥评反驳，而须以婉转缓和之语态来表达，才不至于弄巧成拙，丧失良机。

例如对方说："非常抱歉，我对此没有研究。"你回答："王先生，您说这话就太谦虚了，谁不知道您是这方面的行家呀。"

将对方的反对意见转化为赞同需求，使之成为有力的说服理由，其步骤为：

①先赞美认同对方。

②引导出反对意见的不合事实之点。

③灵活运用说服策略。

（6）比较法。

比较法在商业方面运用得很多。例如，在推销员说服准顾客的时候，常采取比较的方法。当准顾客对你产品的功能、效果提出反对意见时，你可以运用"富兰克林平衡表"来进行比较，并给他看。

运用比较法时，你在一张纸中央画一条线，左边写优点，右边写缺点，然后一一写下优点、缺点，你尽量写上全部的优点，并列下准顾客提出的缺点，只要优点胜过缺点，经常就能很快说服准顾客买下它。

（7）承认法。

本法又称"先是后非法"。先对对方的问题轻描淡写地表示同意，以维护他的自尊，然后再根据事实状况，进行有力的解释。这种方法运用的机会相当多，基本语型为：

①"是的……但……"

②"是的……然而……"

③"……除非……"

例如对方说："这类计划各家做的都大同小异，好不到哪去。"

你说："刘先生，您说得相当有道理。不少同行刚开始时都有和您相同的看法。在我没了解之前，也抱如此想法。但若再仔细深入比较一下，你就可以了解到……"

（8）否定法。

当对方所提及的反对意见显然与事实不符时，你可以用适当的口吻、诚恳的语气予以否认。

例如对方说："听说你们的计划没有经过调查论证。"你说："陈先生，您误解了，我向您保证，在我接触过的顾客中，还没有人提过这点。我们的做法是完全按照行规来进行的，并且经国家有关部门批准，您请看，这是我们的可行性报告等证明材料……"

▶▶ 应对手段：像军师一样对待人

唱完"白脸"再唱"黑脸"

必要的变脸是装好人的一种方法。有些领导对此体悟不深，所以有时难以开展工作。

有一次，传奇亿万富翁休斯想购买大批飞机。他计划购买34架，而其中的11架更是非到手不可。起先，休斯亲自出马与飞机制造厂商洽谈，但怎么谈都谈不拢。最后搞得这位大富翁勃然大怒，拂袖而去。不过，休斯仍不死心，便找了一位代理人，帮他出面继续谈判。休斯告诉代理人，只要能买到他最中意的那11架，他便满意了。谈判的结果是，这位代理人居然把34架飞机全部买到了。休斯十分佩服代理人的本事，便问他是怎么做的。代理人回答：很简单，每次谈判一陷入僵局，我便问他们："你们到底是希望和我谈呢？还是希望再请休斯本人出面来谈？"经我这么一问，对方只好乖乖地说："算了算了，一切就照你的意思办吧！"

要使用"白脸"和"黑脸"的战术，就需要有两名谈判者，两名谈判者不可以一同出席第一回合的谈判。两人一块儿出席的话，若是其中一人留给对方不良印象的话，必然会影响其对另一人的观感，这对第二回合的谈判来说是十分不利的。

第一位谈判者唱的就是"黑脸"，他的责任在激起对方"这个人真不好惹"、"碰到这种谈判的对手真是倒了八辈子霉"的反应。而第二位谈判者唱的是"白脸"，也就是扮演"和平天使"的角色，使对方产生"总算松了一口气"的感觉。就这样，两者交替出现，轮番上阵，直到谈判达到目的为止。

第一个谈判者只需要使对方产生"真不想再和这种人谈下去了"的反感便够了。不过，这样的战术只能用在对方极欲从谈判中获得协议的场合。当对方有意借着谈判寻求解决问题的方法时，是不会因对第一个谈判者的印象欠佳而中止谈判的。所以，在谈判前，你必须先设法探求对方对谈判所持的态度，如果是"可谈可不谈"，那么"白脸"与"黑脸"战术便派不上用场了。

谈判在自己的地盘上进行较为有利，但是，在使用"白脸"与"黑脸"战术时，反而以在对方的阵营中进行为佳。不管第一位上阵的谈判者用什么方式向对方"挑战"，如果谈判是在对方的阵营中进行的话，基于一种"反正这儿是我的地盘"的安全感，对方通常不会有过度情绪化的反应。也正因此，当第二名谈判者出现时，他们的态度自然也不至于过分恶劣。

相反，若谈判是在自己的地盘上进行，而对方又被第一位上阵的谈判者激怒的话，便很可能拒绝再度前来，或者干脆提出改换谈判地点的要求。一旦谈判地点变更，对方便可能因此而摆脱掉上回谈判所带来的不悦，重新振奋起来，以高昂的斗志再度面对你的挑战。果真如此，"白脸"与"黑脸"战术的效果就要大打折扣了。

"白脸"与"黑脸"战术的功效源自第一位谈判者与第二位谈判者的"联手作业"。第二位谈判者就是要利用对方对第一位谈判者所产生的不良印象，继续其"起承转合"的工作。第一位谈判者的"表演"若未成功，第二位谈判者自然也就没戏可唱了！

巧妙激励下级

对某个人在团体中的优良成绩，千万别忘了利用机会予以肯定。这是领导应该做的事情，当某个人做某件事做得很好时，他应该得到你的赞许；你自己做某件事做得好，不也是想要人夸奖你吗？

我们可以向你保证，在这方面每个人的感觉都是一样的，这是人类的基本天性，事实上肯定也是人类行为最强有力的诱因之一。

在第二次世界大战期间，美国一位陆军航空队的大队长发现：由于保养不良出事而损失的飞机竟和敌人所造成的损失数量相等！

在用尽种种方法都失败以后，他创立一个制度，对保养维护工作做得好的人给予奖赏。奖品本身并不值钱，只是些奖状、军中福利品，或是 48 小时的休假等等。他对由于保养优良而中止起飞次数最少的、在出任务中机件故障最少的以及出战斗任务次数最多的飞机的保养人员给予这类奖励。

这位领导人费尽心思来扩大这些奖励的效果。他举行颁奖典礼，拍照片并送回受奖人家乡的报纸上刊载，而且还写特别推荐信和发公报。

这些奖品也许不值什么，但这些奖品所带来的大众肯定和成为家乡知名人物的荣誉，意义却非常重大。这样加起来，你就会知道每次奖励价值不止 100 万美元。

这位大队长很快就拥有了杰出的飞机保养维护纪录。

正如一本书上所说："虚荣心乃是人类的天性，别将这'贬视'为敌人。这种渴求别人肯定和成功的愿望，乃是你领导的无价之宝。"

在统御和领导中，需要多种品质、成分和技巧的运用，包括指挥、力量、判断、观念和其他多种因素。但要想一项工作做得好，激励士气，特别是激励追随者的士气却是无可取代的。

玫琳凯这位女性独自建立起出众的领导技巧。她说："我们承认人们需要被肯定，所以我们尽可能给人们肯定。"

她正是如此身体力行。不错，玫琳凯送粉红色凯迪拉克豪华轿车、皮大衣、钻石和许多许多珍贵的奖品给业绩最好的推销员。但是更贵重的奖品是不值几毛钱的彩带，她要业绩好的人站上台来接受大家的欢呼赞美，她颁给她们奖状，以此肯定这些业绩超群的人。她亲自随时随地召见人，给她们以言词上的鼓励。

玫琳凯觉得，最强有力的一种肯定方式，是不需要花钱的，那就是赞美。你的赞美有助于你属下的成功，她称这为"赞美使别人成功"原则。玫琳凯明白，没有比赞美和肯定更能使人反应强烈的东西了。因此只要下属获得成功，哪怕是一点小成就，玫琳凯也会不吝惜地大加赞美。

她说："我认为你应该尽可能随时称赞别人；这有如甘霖降在久旱的花木上。"

你应该发现，她这些话很合乎心理学上的原则。著名的心理学家斯金纳说，要想达到最大的诱因效果，你应尽可能在行为发生后立即加以赞美。

　　不错，肯定可作为你教导属下的一项重要技巧。甚至连拿破仑也震惊于肯定所发生的效力。有人告诉他，为了拿到这位皇帝的一枚勋章，他的士兵什么英勇行为都可以做出来时，他不禁说道："这真是奇怪，人们竟然肯为这些破铜烂铁拼命。"

要学会顺势推车

　　"顺势推车"法在领导者管人之道中是非常有实效的，请先看一个简单的例子。

　　几个小孩子在一起吹气球玩，其中一个问：怎么能简单地把一个气球弄破？

　　第一个说：不吹，拿过来撕。

　　第二个说：吹起来用手捏。

　　第三个说：用针扎。

　　第四个说：使劲地吹。

　　显然，第四个孩子的主意最高明，因为他不用借助任何工具与外力。

　　对付谎言也可以用同样的办法。他要吹牛造谣，就陪他吹下去，撒下去，反正吹牛也不纳税，吹到最后，看他自己怎么收场。

　　那些造谣成性的人，你无论怎样对他进行劝诫、说明、忠告、警告，都没有用，只有让他自食其果，他才会意识到谎言的危害，知道撒谎的下场。所以对这种人，你如果想帮助他，可以和他一起撒谎，如果你想加速毁灭他，也可以和他一起撒谎。让他把谎撒得更大、更玄、更没边际，谎言最终就把他导向尴尬、窘迫、羞愧、耻辱、失败、毁灭。你帮助他，可以使他借此获得重生；你毁灭他，可以使他一败涂地，永无翻身之时。

战国时，齐王喜爱的一匹马死掉了，齐王很悲伤，决定用葬大夫的葬礼仪式来埋葬这匹马，他的理由是这匹马战功赫赫，理当受到厚葬。其实这是个谎言，那匹马只是一匹赛马，从来没有上过战场。晏子听说后，决定规劝齐王，但齐王脾气十分执拗，根本不听规劝，还把几个前去谏议的官员给杀了。晏子知道，如果像前面几位官员一样去诤谏，肯定不会有好结局。于是，他来到朝廷，这样对齐王说："大王，我听说你准备用埋葬大夫的礼仪来埋葬你心爱的马匹，难道你不觉得这样的丧仪规格太低了吗？"

齐王第一次听到这样的话，感到很诧异，问道："你认为该用什么样的规格来安葬这匹马呢？"

晏子说："你用葬王侯的礼仪为其下葬，让举国上下的人都披麻戴孝，为其哀悼，全国停止舞乐，斋戒三日，让大臣为它举着招魂幡，武将跪在路旁迎悼。这样，全天下的人就都知道大王你把马看得比文武大臣还重，你的名气就大了。"

齐王听了这番话，羞愧得脸上红一阵白一阵的，霎时明白了自己举止的荒唐，于是改变了主意，将马剥皮炖肉，分给文武大臣吃。

晏子使用的是雪上加霜、火上浇油的策略。本来，齐王用谎言为托词，把马当大夫对待，使朝中大夫受到羞辱，事情显得十分荒诞不稽。晏子给他出主意时，进一步扩大其谎言的荒诞性，使其看到这种荒唐举止背后的可怕结局：重马轻人，让文武大臣离心离德，让天下人耻笑，君臣失和，君民失信。这是使用"帮他造谣"挽救一个人的实例。

树大招风，这是"火上浇油之法"利用得以成功的理论根据与现实基础。造一些小谎，因其影响的范围小，虽有人受害上当，但因其不太引人注意，所以每每得逞；如果谎撒得过大，惊动的人多了，注意的目光多了，谎言败露的可能性也就大了，有时甚至因谎言太大而不攻自破。

把握好机遇再出手

大事当先，危难当头，领导应打头阵，有种"我不做谁来做"的责任作风。若都彷徨观望，放权不用，岂不有点呆头呆脑。明眼人就应有权就争，有权就用，把握好每个争权的机遇。

当部属提出好的构想时，应马上施行。切莫以为这是部属的构想，有损自己当领导的面子，或等以后再做，如此将会失掉大好机会。

"我不做，谁来做？现在不做，什么时候再做？"

某家机械工业分公司的领导就将上面的话作为座右铭。这两句话虽不含什么大哲理，但却相当具体而真实。

这位领导几年前曾为了要实行某一构想，而想与总公司有关部门洽商，人事科长却说："可能会被反对，而我们又无法说服他们。"

企划科长接着说："若要整体施行，则有些部门会出现不适合现象；而长期做下去，又容易产生困难……"

营业科长也说："既没预算，规制又不完备，而且亦无前例。我看先去探探总公司那边的意思及顾客的反应再说吧！"

结果，这个构想就在意见分歧的情况下作罢了。不久，这个构想被同业的其他公司抢先做了，枉费了该公司先发明此一构想。

这些科长们所说的话大体说来并无错误，只是眼光太过狭窄了。他们是本着"不做不错"的原则，又想十全十美，因而坐失良机，贻误了大局。

这个领导经过这次教训后，深切体认到决断的重要性——"必要时由自己决定即可，只要观念正确，不需要考虑太多，必须贯彻实施，否则将会抱憾终身"。

因此，以后只要他感到犹豫不决，便看看壁上这两句话，自问自答。结果大半难题都能获得满意的解决。

即使未能完全实现，但因心里想的已经做到了，便会产生一种满足感。

的确，有时内心的意愿并不能完全付诸实现，然而，"咒骂黑暗，不如点燃蜡烛"，即使是再小的起步，也是值得欣慰的。

▶▶ 批评方略：粗声恶语吓唬不住人

批评人要注意场合

批评部下时必须直言不讳，似是而非、闪烁其词的态度是要不得的。部下的工作有偏差或错误，当场指出让其注意，并就地进行指导，这是一个原则问题。这种做法最容易使部下本人认识到自己的错误，下不为例，深刻检讨。

因为假使当场不讲，而等到许多天以后再说，记忆也淡薄了，对方会一时反应不过来是怎么回事，还有可能招致被批评者的报复心态。

然而，即使当场提出批评，也有很多问题值得注意。最重要的是在任何场合下，都要以轻松的气氛指明部下的缺点或错误。无论如何不能像神经质的病人那样啰啰唆唆地说个没完。

另外，值得重视的是，对犯有错误的部下提出批评时，要讲究方式。究竟应该在其他部下在场的情况下进行，还是在只有本人在场的情况下进行，倒是一个值得研究的问题。所谓当场提醒注意和进行指导教育，如果按照字意来考虑，就是在部下犯了某种错误时，随时加以批评指导，而实际上是应该考虑时间、场合和机会的。假设一位管理者带着一个部下到顾客那里去访问，当管理者发现部下在言谈举止上存在问题时，就不能当着顾客的面提出批评。

理所应当，如果顾客是富有经验的人，也会产生与你完全相同的感觉。这时候，最重要的还是要用高明的谈话方法把部下的缺点掩饰过去。

那么，没有旁人的时候，例如在轿车或在回公司的公共汽车里对部下提出批评，就是绝妙的时机了。所以，这种批评是不能拖延到第二天的。

点到为止，不可过了头

晏子是齐国一位善谏的大臣。晏子死了 17 年后，齐景公有一次请大夫们喝酒。酒后射箭，景公把箭射到了靶子外面，满屋子的人却众口一词地称赞他。景公听后变了脸色，并叹了口气，把弓丢在一旁。

这时，弦章进来了。景公说："弦章，我失去晏子已经有 17 年了，从来没有听到别人对我过失的批评，今天我射箭射到了靶子外，他们却众口一词赞美我。"

弦章说："这是那些大臣的不对。他们本身素质不高，所以看不到国君哪些地方不好；他们勇气不够，所以不敢冒犯国君的尊严。但是，您应该注意一点，我听说'国君喜欢的衣服，大臣就会拿来替他穿上；国君喜欢的食物，大臣就会送给他吃'。像尺蠖这种虫子，吃了黄颜色的东西，它的身体就要变黄；吃了绿颜色的东西，它的身体就要变绿，作为国君大概总会有人说奉承话吧！"

弦章的话在景公听来颇有道理，明白了奉承者不过是投自己所好，如果自己对奉承话深恶痛绝的话，就很少会有人来自讨苦吃了。弦章虽未进一步指出因为景公喜欢听奉承话才造成如此局面，但景公已深刻领悟到这一点，事实上，如果弦章再画蛇添足地批评景公一番，效果反而不会有点到为止好。

当人们发表批评意见时，还要注意不要滔滔不绝讲个不停，使当事人没有时间与机会来思考你所提出的意见。言语啰唆不仅冲淡了主题，而且也是对当事人不尊重的表现，是值得人们重视的。

在心理咨询当中，咨询师常常在讲话中有意地停顿几秒钟，以观察对方是否有话要说。同时，他还会不断地运用沉默来暗示对方思考自己讲过的话，并提出问题。这种手段不单给来咨询者以充分说话和思考的机会，还可促进咨询师与来咨询者之间的相互共鸣和理解。

卡耐基把说话啰唆当作影响人们接受批评意见的因素之一。他出："我们每说一句话都应显示出其说话的价值与力量。没有力量的话就是没有价值的话，等于没说一样。不能达到说话目的，那就是废话，废话就意味着啰唆。"所以，批评的艺术还在于言语简明扼要，给人以丰富的联想。反之，话讲得多了会起到相反的作用，对方会对你产生反感，反倒产生事与愿违的结果。这就是"物极必反"的道理。

发表批评意见还应避免扩大事端，否则会将一些不相关的事情也扯进来，使得当事人越听越不耐烦，增加其对批评的抵触情绪。特别是对于要面子的人，在发表批评意见时不断扩大批评范围，无疑是逼他不认同批评意见。

在日常生活中，夫妻之间、父母子女之间常见的问题就是唠叨。本来是出于对彼此的爱与关心，但因其不是就事论事，而是一件事做错了，将其以前做错的也牵扯进来，进行一番批评，使得对方不但不能心甘情愿地接受当前的批评，反而还不得不为自己以前的行为进行辩护。

就心理学而言，在批评当中扩大事端，等于改变两个人原有的认知对象及其认同条件。正如丈夫因一天不做家务而受到妻子指责，说他从来不干家务，他会本能地加以反驳。因为其批评话题已产生了本质性变化，即双方认同的基础已不是谈论今天这一具体事件，而是把以前所有错或不错的事合在一起，难怪丈夫会感到委屈不服了。

另外，应对一个过错进行一次批评。要想对一个已知过错引起注意，一次提醒就足够了。批评两次完全没有必要，再来一次就成了唠叨。如果总把过去的错误翻出来并唠唠叨叨地没个完，对于批评者来说完全是愚蠢和无效的。

"妙语精言，不以多为贵。"批评人，话不在多，而在精妙，所谓"言贵精当"。言语精练往往能一语中的，使听者在较短的时间里获得较多的信息；一语道破，使对方为之震动，幡然醒悟。如果拖泥带水、东拉西扯，反而使人不得要领，让人云里雾里、不知所云，甚至产生急躁情绪，也就达不到批评的目的了。

不要在外人面前批评你的下属

有些部长、科长在和其他的领导干部聊天时常会数落自己的部属："我的部属们真是不够机灵。小余那憨样，同样的事情不跟他说上三次他是没办法做的。"特别是一到人事考核的时候，有些干部就会说遍自己所有部属的坏话。

当然有时候某些部属的缺点的确是应该指正，所以就应该把事实指出来，作为该人今后的努力方向。但是对部属最多也只能做到这样。绝对不能在公事以外的场合（例如酒席中）宣扬部属的坏话，要说的话也只能和当事人一对一地说，不能让别人听到。否则，部属们就会一个一个地背弃你。

有些人不仅说部属的闲话，还会说上司的闲话。特别是有些领导干部在部属面前公然说上司的坏话。他本人是很有正义感，但有点莽撞，不知是太单纯还是太没顾忌，不管对象，照自己想的说，坚信口无遮拦是美德。

如果对方有一定水平或地位而且年纪较大的话，可能觉得"哈哈，那个人又开始发牢骚了"，听过了就算了。但是万一是不知情的新同事，或是即使早已了解却仍然不能接受的青年、偶尔拘泥于某种情分的局外人，他们会很不高兴的。不仅如此，如果是碰上小人或间谍型的人，可能还会争相向上层去报告。

结果这不仅对本人没有好处，对他的部下也没有任何帮助。部下也是人，既然是人就会想过有竞争的生活，想做有意义的工作，想在有魅力的工作环境、在有能力的上司手下过充实的生活。而他却一直在破坏这种期待，挑下属工作、生活的毛病。

再怎么说，最值得部属信赖的领导干部首先必须做到不说别人的坏话。尤其要注意，千万不要说自己的上司或部属的坏话。

天下总没有人被称赞还会生气的。如果你真认为某人没有值得夸的地方，那也未免太主观片面了。只要是人，一定会有一两个优点。如果你还没找到这个优点，就表示你还未能彻底了解这个人。

批评要讲究方法

出于改造和团结的目的，批评也得讲求办法，不能粗暴，不能由自己的性子而定。

下面介绍一些批评的方法。

（1）请教式批评。

生活中有个例子。有一个人在一处禁捕的水库内捕鱼。远处走来一个警察，捕鱼者心里想这下可糟了。出乎意料的是，警察走近后，不仅没有大声训斥，反而和气地说："先生，您在此洗网，下游的河水岂不被污染了？"这情景令捕鱼者十分感动，连忙诚恳地道歉而去。

同样的道理，当下属发觉他的过分殷勤"伤害"了你后，他也会自责的。这个时候，你就没有必要厉声训斥他，而应用温和的方式作一个"冷处理"，这样更好。

（2）安慰式批评。

你应该多从下属的角度考虑问题，真正体会下属的用心。你会发现如果你站在他（她）的位置上，你也可能这样做，只不过不像他（她）那样严重罢了。

既然能意识到这一层，你就应该注意去保持下属的轻松心情，在批评的同时也留些余地，给对方一些安慰。

然而，你的安慰也应该有个限度，你要明确你的态度是批评性的，绝不可以给下属留下一种鼓励、劝勉的印象，那样无助于问题的解决。

尤其是面对这种过分献殷勤的下属，他们以为天下的领导都喜好奉承，说几句批评式的话只是做做样子而已。对待这种下属方是你最"用心"的时候。

（3）暗示式批评。

批评本来就是一件令人不痛快的事，尤其是针对那些有"过分殷勤癖"的人。

有的秘书对领导十分体贴。本来领导正在集中精力、全身心地投入一份重要文件的处理中，可秘书却三番五次去干扰。他自以为是好意，要么问问是否用咖啡，要么去打听一番领导的工作进程，要么去诉说几句对领导工作精神或效率的奉承话。对于这种秘书，你可以告诉他："我看王秘书倒是很好！安安静静的。"

领导者用王秘书做榜样，是因为王秘书能够理解领导，会安静地做自己的工作，不打扰领导，不侵占领导的工作时间，只在领导需要服务时才及时送去服务。

通过两相对照，这些下属自然会对你的批评心领神会。你没有过分显露自己的不满，又使下属能保住面子，维护了他那点自尊，同时也令下属认识到自己的错误，能使他积极主动地改正错误。这可谓是种"一箭双雕"的做法，你不妨试一试。

（4）模糊式批评。

某单位为整顿劳动纪律召开了员工大会，领导在会上说："最近一段时间，我们公司的纪律总的来说是好的，但也有个别人表现较差，有的迟到早退，也有的在上班时间聊天……"

这就是一个典型的模糊式批评。他用了不少模糊语言："最近一段时间"、"总的"、"个别"、"有的"、"也有的"等等。这样，既照顾了面子，又指出了问题，他没有点名，并且说话又具有某种弹性，通常这种说法比直接点名批评效果更好。

（5）指出错时也指出对。

大多数的批评者，往往是把重点放在指出下属"错"的地方，但却不能清楚指明下属应该怎么做才"对"。

领导的态度对下属改正错误绝对有影响：要么有利于改正下属的行为方式，要么就会对下属造成一种心理压力，反而不利于问题的解决。

在指责下属的同时，领导也应该指出如何做才是正确的，这样才能更具有说服力，使下属心悦诚服地接受你的批评，并依据你的批评积极主动地去改掉错误。

对于那些过分献殷勤的下属，你应该明确指出他这种行为对他自己、对公司、对当领导的你及所有人的危害性。同时，也给他指出一条明路，教育他用能力、用学识、用良好的人格力量去赢得领导的赏识。如果他确能改正，并小有成绩，那你就应适当鼓励他，不违你的前言，这也有利于他向好的方面继续努力。

被人们奉为"经营之神"的日本实业家松下幸之助从一个火盆商店的小伙计起步，仅经过一代人的努力，便创建了盈利额居日本大公司榜首的公司。松下幸之助在员工面前是个恩威并施的权威。他训导人时，尽管口吻严厉、态度暴躁，但却是直言不讳、以理服人。他曾经这样说过："任何人难免犯错误，即使是一些职务很高的人也不例外。对于我们公司干部的过错，我决不会视而不见，对他们采取姑息宽容的态度。相反，我要提出书面批评，提醒他们改正错误。

"我批评人的宗旨是以理服人。譬如，有一次，我把一个犯有过失的干部叫来，对他说：'我对你的做法提出书面批评。当然，如果你对我的批评毫不在乎，那么，我们的谈话就到此为止；如果你对此不满，认为这样太过分了，你受不了，我可以作罢；如果你心服口服，真心实意地认为我的批评确有道理，那么，尽管这种做法会使你付出一定代价，但它对你仍然是值得的。你通过深刻的反省，会逐渐成为一名出类拔萃的干部。请你考虑一下。'

"听了我的这番话，那个干部说：'我都明白了。'于是我又问：'是真的明白了吗？是从心底里欢迎批评的吗？'他答道：'的确这样想。'接下来我又说：'这太好了。我会十分高兴地向你提出批评的。'

"正当我要将批评书交给那个干部时，他的同事和领导来了。我说：'你们来得正好，我向 XX 提出了批评书，现在让他读给你们听听。'

"待那个干部读完批评书后，我对他们三人说：'你们是很幸运的。如果能够有人这样向我提出批评，我会感到由衷的高兴。但是我想，假如我做错了事，恐怕你们只敢在背地里议论，而绝对不会当面批评我的。那么，我势必会在不知不觉之中重犯错误。职位越高，接受批评的机会就越少。你们的幸运就在于，有我和其他领导监督你们，批评你们。而这种机会对我来说是求之不得的。'

"也许我批评人的方式不合乎常理，使人难于接受。不过，令人欣慰的是，那个干部心悦诚服地接受了批评，而且果真成了一名优秀的干部。"

批评要注意场合

员工表现得好，领导就应公开表扬，使其在众员工面前脸上有光；表现不好，就私下批评，也使其有面子。领导只有如此，才能使其员工信心十足，努力为企业效力。

也许你还记得美国一位著名的"败将"——高斯将军。他所采取的做法是：严肃批评配以大力赞扬，做到该严厉处罚的就处罚，值得表扬的就大力加以肯定，赏罚分明，把握好分寸。

大家应该还记得史蒂芬·柯维提到的格次垒战役中，高斯将军的副官阿恩蒂利是如何擅自行动，兵败沙场的。就凭这一点，阿恩蒂利就应该受到严厉的军法处置。确实当时许多人都要求把他交付军事法庭定罪，不处罚不足以平民心，但如果真这样做，高斯将军又会失去一名骁将。

话说回来，也不能为他文过饰非。付出那么惨重的代价，悲剧是不可再出现的，必须让阿恩蒂利深刻地认识自己的错误，以免以后重蹈覆辙，造成不可挽回的损失。

下面来看看高斯将军处理这件事的实际言行。

高斯将军说道："阿恩蒂利，你作为我的副官，就如同我的左右臂，你所担负的责任就是指挥好你的部队，使其不受敌军的偷袭，并要在战争开始后负责侦探情报，向我报告，以便随时调整作战计划。然而令人失望的是，你在这次决定性的重大战役中表现很差！"

阿恩蒂利双目下垂，不敢正视，笔直地立正站着，一动也不动。

高斯将军继续说道："你擅自行动，贸然出击，损失惨重。造成我们也在不明情况的形势下，仓促投入战斗，并没有作仔细全面的安排计划。这种盲目作战，不败才是奇迹。我们现在能活着简直是上帝最大的保佑。"

"高斯将军，责任完全在我。"阿恩蒂利大气不敢出，额上冒出了一层细汗。可以看出，他的内心正处在严厉地自责之中。

高斯将军看到这种情形，似乎又产生一点同情的心态，但他不能感情用事地对阿恩蒂利说："过去的已经过去了，要紧的是千万要记住教训，有些教训是不需要多次的，因为那个代价是昂贵的、惨痛的。"他用理智战胜情感。此时此刻，需要的是严厉的批评和责备，而不应该掺杂任何人情因素。尽管如此，作为一名关心爱护手下士兵、身经百战的老将，高斯的语气显然还是变得和蔼可亲起来：

"你当时可能是愤怒之情冲昏了头脑。年轻人最忌讳的就是感情用事，不顾大局，贸然行动。现在既然一切都过去了，我对你所能说的只是——不可再那样。"

责备训斥的任务完成了，高斯将军想让紧张严肃的气氛逐渐放松下来。他沉默了一段时间，目的是让刚才的话深入阿恩蒂利的内心深处，进行深刻反省，以达到预期目的。

果然，阿恩蒂利表情沉重地取下腰中的盒子枪，双手托着，缓缓递到高斯将军的面前。高斯将军并没有立刻接过，他把手背到身后。

阿恩蒂利说："由于我的失职，使得部队损失惨重，我不配再当他们的长官，也不值得您的信任……"

这时，高斯将军大声喝止了他："我现在要的不是你交枪给我，辞职逍遥。我需要的是一位知过而能改的得力军官。明天还要继续战斗呢！"

"你在我的部下多年，我很了解你的为人，你所作的贡献是其他同职位的军官所无法匹敌的。以前的多次战斗中你的表现都十分出色，这次……"高斯将军作出停止的手势，"就此打住，我们现在可以把这件事抛在一边了，准备投入新的战斗！"

　　听完这个故事，可以总结出一个结论：要想完成你的领导任务，要求下属听从你的安排，你就应该注意做到公开表扬、私下批评，并记住在批评教育的时候，要不失时机地加上一些肯定的赞赏，让别人有改过的机会，从而再充满信心地投入新的工作中。

▶▶ 表达艺术：会说话一定动人心

拿出高水平的谈话技巧

领导和员工的谈话主要有四种功能。

一、监督功能——借以获取管理工作进展的详情，监督各部门执行领导决定。二、参与功能——借此研究执行决定的过程中发生的问题，探讨和寻找解决办法，使领导由"观察"地位进入参与地位。三、指示功能——传递上级指示或本人决定。四、悉人功能——由此接触工作人员，了解他们的各种心理品质，做到谙人知心。

那么，领导应如何同他的员工谈话呢？

（1）要善于激发员工讲话的愿望。

谈话是领导和员工的双边活动，员工若无讲话的愿望，谈话难免要陷入僵局。因此，领导首先应具有细腻的情感、分寸感，注意说话的态度、方式以至语音、语调，旨在激发员工讲话的愿望，使谈话在感情交流的过程中完成信息交流的任务。

（2）要善于启发员工讲实话。

谈话所要交流的是反映真实情况的信息。但是，有的员工出于某种动机，谈话时弄虚作假、见风使舵；有的则有所顾忌、言不由衷，这都使谈话失去意义。为此，领导一定要克服专制、蛮横的作风，代之以坦率、诚恳、求实的态度，并且尽可能让对方在谈话过程中了解，自己所感兴趣的是真实情况，并不是奉承、文饰的话，消除对方的顾虑或各种迎合心理。

（3）要善于抓住主要问题。

谈话必须突出重点，扼要紧凑。一方面，领导本人要以身作则，在一般的礼节性问候之后，便迅速转入正题，阐明问题实质；另一方面，也要员工养成这种谈话习惯。要知道，多言是对信息实质不理解的表现，是谈话效率的大敌。

（4）要善于表达对谈话的情趣和热情。

正因为谈话是双边活动，一方对另一方的讲述予以积极、适当的反馈，能使谈话者更津津乐道，从而使谈话愈加融洽、深入。因此，领导在听取员工讲述时，应注意自己的态度，充分利用一切手段——表情、姿态、插话和感叹词等——来表达自己对员工所讲的内容感兴趣和对这次谈话的热情。

在这种情况下，领导的微微一笑，赞同地一点头，充满热情的一个"好"字，都是对员工谈话的最有力的鼓励。

（5）要善于掌握评论的分寸。

在听取员工的讲述时，领导不应发表评论性意见。若要作评论，应放在谈话末尾，并且作为结论性的意见，措辞要有分寸，表达要谨慎，要采取劝告和建议的形式，以易于员工采纳接受。

（6）要善于克制自己，避免冲动。

员工在反映情况时，常会忽然批评、抱怨某些事情，而这在客观上又正是在指责领导自己。这时领导要头脑冷静、清醒，不要一时激动，自己也滔滔不绝地讲起来，甚至为自己辩解。

（7）要善于利用谈话中的停顿。

员工在讲述中出现停顿，可能有两种情况，须分别对待。第一种停顿是故意的，是员工为探测一下领导对他讲话的反应、印象，并想引起领导作评论有意识而做的。这时，领导有必要给予一般性的插话，以鼓励他进一步讲述。第二种停顿是思维突然中断引起的，这时，领导最好采用"反响提问法"来接通原来的思路，就是用提问的形式重复员工刚才讲的话语。

（8）要善于克服最初效应。

所谓最初效应就是日常所说的"先入为主"，有的人很注意这种效应，并且也具有"造成某种初次印象"的能力。因此，领导在谈话中要持客观、批判性的态度，时刻警觉，善于把做给人看的东西从真实情形中区分出来。

（9）要善于利用一切谈话机会。

谈话分正式和非正式两种形式，前者在工作时间内进行，后者在业余时间内进行。领导不应放弃非正式谈话机会。在无戒备的心理状态下，哪怕是片言只语，有时也会包含意外的信息。

说出你的特色来

无论谈论什么样的话题，都应保持说话的语调与所谈及的内容相配合。

（1）注重自己说话的语调。语调能反映出你说话时的内心世界，你的情感和态度。当你生气、惊愕、怀疑、激动时，你的语调也一定不自然。从你的语调中，人们可以感觉你是一个令人信服、幽默、可亲可近的人，还是一个呆板保守或具有挑衅性或好阿谀奉承或阴险狡猾的人。你的语调同样也能反映出你是一个优柔寡断、自卑、充满敌意的人，还是一个诚实、自信、坦率以及尊重他人的人。

（2）注意你的发音。我们所说出的每一个词、每一句话都是由一个个最基本的语音单位组成，然后加上适当的重音和音调。只有清晰地发出每一个音节，才能清楚明白地表达出自己的思想。

（3）不要让发出的声音尖得刺耳。我们每个人的音域范围可塑性都很大，有的高亢，有的低沉，有的单纯，有的浑厚。说话时，你必须善于控制自己的态度。

当我们想使自己的话题引起他人兴趣时，便会提高自己的音调。有时，为了获得一种特殊的表达效果，又会故意降低音调。但大多数情况下，应该在自身音调的上下限之间找到一种恰当的平衡。

（4）不要用鼻音说话。当你用鼻腔说话时，发出的声音让听者十分难受。在日常生活中，我们经常听到"唔……哼……嗯……"的发音，这就是鼻音。如果你使用鼻腔说话，第一次见面时绝对不可能引人倾慕。让人听起来似在抱怨，显得毫无生气、十分消极。有些人将"哼嗯"这种鼻音视为一种时髦的说话方式，但如果你想让自己所说的话更具吸引力和说服力，如果你期望自己的语言更加富有魅力，就尽量少用或不用鼻音说话。

（5）控制你的音量。当你内心紧张时，往往发出又尖又高的声音。

语言是交流的工具，声音的大小与语言的威慑是两回事。不要以为大喊大叫就一定能说服和压制他人。声音过大只能使他人不愿听你讲话，讨厌你说话的声音。与音调一样，我们每个人说话的声音大小也有其范围，试着发出各种音量大小不同的声音，并仔细听听，找到一种最为合适的声音。

（6）充满热情与活力。响亮而生机勃勃的声音给人以充满活力与生命力之感。当你向某人传递信息、劝说他人时，这一点有着重大的影响力。当你讲话时，你的情绪、表情同你说话的内容一样，会带动和感染你的听众。

（7）注意说话的节奏。节奏即说话时由于不断发音与停顿而形成的强、弱有序和周期性的变化。在日常生活中，大多数人根本不考虑说话的节奏。其实，说话时不断改变节奏以避免单调乏味是相当重要的。

每一种语言都有其自己独特的重音和语速。法语不同于德语，英语不同于西班牙语，汉语又不同于英语。人们容易认为诗歌与散文的节奏有很大差别，其实两者的相对区别在于一种规则与不规则的重读上。诗歌具有规则的、可把握的重音，散文的形式则是不规则的。人们处于一种压力之下时，他们便不由自主地使用一种比散文更自由的节奏讲话。

（8）注意说话的速度。在语言交流中，讲话的快慢将不同程度地影响你向他人传递信息。速度太快如同音调过高一样，给人以紧张和焦虑之感，而且某些词语模糊不清，他人就无法听懂你所说的内容。

在人际交往中，说话是很讲究的，如果速度快了，会给人一种浮躁的感觉，但如果太慢，又会给人一种迟钝或过于谨慎的感觉。因此，保持恰当的说话速度，不要太快也不要太慢，并在说话时不断地调整。当你想和别人交谈时，选择合适的速度以引起他人的注意。在任何情况下都不能吞吞吐吐，否则，你除了被冠以"思维迟钝"的印象之外，也许还会被认为是个傻瓜。偶尔的停顿无关紧要，但不要在停顿时加上"嗯"、"啊"之类的词或紧张不安地清一下嗓子。话不能乱说

"一言可以兴邦，一言可以丧邦"，所以老于世故的人对人总是唯唯诺诺，可以不开口的，就情愿学金人之三缄其口，实行"庸人之谨"。比方他的隐私唯恐人知，你偏在无意中说到他的隐私，基于言者无心，听者有意的道理，他会认为你是有意揭破他的隐私，恨你入骨。这是说话的第一忌。

他做的事别有用心，他极力掩饰自己的用心不让人知，如果被你知道了，必然对你非常不利。你如与他向来熟悉，对他的用心知之甚深，他虽不能断定你一定明白，然而终究会对你十分疑惑与妒忌。你处于这种困难境地，绝不可对他表明绝不泄密，那你将如何自处呢？你唯一的办法是假装耳聋，若无其事。这就是说话的第二忌。

他有阴谋诡计，你却参与其事，代为决策，帮他执行，从乐观方面说，你是他的心腹；从悲观方面说，你是他的心腹之患。你虽谨慎地保守秘密，从来不提及这件事，不料另外有智者猜中此事，对外宣告，那么你无法逃掉泄露的嫌疑。你只有经常接近他，表示自己绝无二心，同时设法侦察泄露这个秘密的人。这是说话的第三忌。

万一对方对你尚无深刻的认识，没有十分信任，你却极力讨好他，对他说极深切的话，假使他采用你的话，然而试行的结果并不好，一定疑心你有意捉弄他，使他上当。即使试行结果很好，他对你也未必会增

加好感，认为你只是偶然看到，实行又不是你的力量，怎可以算你的功劳，所以你这个时候还是不说话为好。这是说话的第四忌。

他犯有错误被你知道，你不惜声援正义，直言进谏。他本来就已觉得愧疚，唯恐旁人知情，你去揭破，他自然更觉惭愧，由惭愧而愤恨，由愤恨进而与你发生冲突，你岂不凭空多了一个冤家？所以，即使告之，也应以婉转为宜，这是说话的第五忌。

对方成功乃计出于你，而他是你的上司，他则必会深恐好名声被你抢去，内心惴惴不安。你知道了这种情形，就应该到处宣扬，逢人便说，极力表示这是上司的善谋，这是上司的远见，一点也不要透露你曾经出了什么力。

对方不能做的事，而你认为应该做，于是强迫他必须做到；对于某事，对方是箭在弦上不能不发，或业已骑虎难下，无法中止，但你认为这事不应该做，就算勉强也要他中止。上述情形都是强人所难。你勉强他一定要做，勉强他一定要中止，原本是善意，尽一分挚友之责，心地光明，无可非议。但事实已经如此，即使勉强也不会有效。如果你认为在道义上不该熟视无睹，不妨进言婉劝，使他自己觉悟，由他自己来发动，自己去中止，这才是上策。万一他不愿接受你的劝告，你也只好见机行事，适可而止，过于强求只会徒伤感情罢了。

培养良好的谈吐

人类沟通的工具或媒介包括语言、文字、态度、表情和姿态。其中最普遍、最有效的工具为语言，良好的谈吐可以增进人与人之间的相互了解，可以把彼此间的歧见逐渐凝聚为共同的意见。它代表一个人的精神、睿智和学识修养，更重要的是它能增长智慧，使你生活得快活。

国外有位名叫亚诺·本奈的小说家曾说："日常生活中大部分的摩擦冲突都起因于恼人的声音、语调以及不良的谈吐习惯。"此话说得颇有道理。何故？只要我们细察生活于自己身边的人就会发现，谈吐的缺陷往往可能导致个人事业的不幸，或损及所服务机构的荣誉与利益，可能导致父子不和、夫妻离异乃至人际关系的紧张恶化。一个人的谈吐如何，往往决定企业是否愿意聘请他工作、与之交往，或是否愿意投他信任的一票，与之发生商业关系。

一个人如果谈吐有障碍或者表达能力不足，则会被人低估他的能力，会被人传播残酷无情的谎言，还会被人扭曲形象。一个人即使思想如星星熠熠生辉，即使勤奋得如一头老黄牛，即使知识渊博得像一本百科全书，但若缺乏良好的谈吐能力，则往往成功的机遇比其他人要少得多，也往往难以达到自己的目标。

日常会话有许多口头"敬语"，我们可以用来表示对人尊重之意。"请问"有如下说法：借问、动问、敢问、请教、借光、指教、见教、讨教、赐教等；"打扰"有如下词汇：劳驾、劳神、费心、烦劳、麻烦、辛苦、难为、费神、偏劳等。如果我们在语言交际中记得使用这些词汇，相互间定可形成亲切友好的气氛，减少许多可以避免的摩擦和口角。

你和人相见时互道"你好"，这再容易不过。可别小瞧这声问候，它传递了丰厚的信息，表示尊重、亲切和友情，显示你懂礼貌，有教养，有风度。

日本人说话爱道"谢谢"。有人统计，一个在百货公司工作的日本职员一天平均要说 571 次谢谢，否则他就不是一个好职员，有被解雇的可能。不管 571 次这个数字是否准确，但有一点须承认，如果顾客买了东西，营业员对他说声"谢谢，欢迎再来"；顾客不买东西，只是逛了一圈，仍对他说声"谢谢，欢迎光临"，相信你愿意光顾这洋溢着温馨气氛的场所。

美国人说话爱说"请"。说话、写信、打电报都用"请"，如请坐、请讲、请转告。传闻美国人打电报时，宁可多付电报费，也绝不省掉"请"字，因此，美国电话总局每年从"请"字上就可多收入一千万美元。美国人情愿花钱买请字，我们与人相处，说个"请"字，既不费力，又不花钱，何乐不为？

英国人说话少不了"对不起"这句话，凡是请人帮助之事，他们总开口说声对不起：对不起，我要下车了；对不起，请给我一杯水；对不起，占用了您的时间。英国警察对违章司机就地处理时，先要说声"对不起，先生，您的车速超过规定"。两车相撞，大家先彼此说对不起。在这样的气氛下，双方自尊心同时获得满足，争吵自然不会发生。

相形之下，我们有些人做得不够。马路上，骑车者碰倒了行人，有的骑车者会先发制人："混蛋，你怎么不闪开？"被撞者是受害方，自然不会让步，于是谩骂、厮打时有发生。此时，如果骑车人先真诚地说声："对不起，您没伤着吧？"被撞者再大度一些，结果会大不相同。

一滴蜜糖比一斤苦汁能捕获到更多的苍蝇，良好的谈吐令人心花怒放、满面春风。

语言沟通与个人的人格特质关系密切。人格是一个人恒常固定的行为模式。现在针对如何改善语言的沟通，提出如下建议：

懂得赞扬别人。赞扬别人要对事赞扬，并表示真诚。

　　争辩是伤害人际关系和友谊的毒箭，多应用商量和协调，少逞强争辩。

　　说话不可武断，不说扫兴话。即使心有不快，亦不可借嘲弄来讽刺别人。

　　语气要温和客气，越是不满和激怒，越需要用温和与客气来处理，顶撞绝无好处。

　　避免训诫别人或使人碍于情面而勉强接受你的意见，那对彼此都无好处。要平心静气讨论问题的本身，而不能毛毛躁躁地攻击对方的自尊。

　　要学会聆听，仔细地听，欣赏别人的意见，并测量它究竟与自己的意思相差多远。要常常提醒自己，一定有一个更好的答案夹在两者中间。

　　当你感觉到受激怒时，应该说"让我想想"，争取短短的十几秒钟，让自己不说话。这样，你的情绪会有时间和空间休息，激动的语言就不致脱口而出。

　　少使用批评的语句，多解析事情的真相，先谈彼此有同感的事情，让对方一开始就说："不错！不错！"接二连三地提出对方认为正确的部分，又次次赞同他的论点。最后，使对方不知不觉地同意几分钟前还坚决否定的结论。千万不要直接告诉他的错处，而要平心静气引导对方赞同自己的结论。

　　今天，说话的作用在个人成长和工作中日渐重要；良好的谈吐是你在社会上获得成功的有效方法之一。

　　随着我国经济建设和改革形势的日益发展，通过谈话或演说来展示自己的能力、策略水平是很重要的一环。如果一个人满腹韬略，胸有雄兵百万，却"茶壶里煮饺子——有货倒不出"，便很难取得成功。

见什么人，说什么话

由于每个人都有自己与众不同的性格，即使出于同一需要、同一动机，在不同的消费者那里，表现方式也有所不同。所以，为了能够真正把话说到顾客的心坎上，生意人不仅要了解顾客的需要、动机，还要对不同的顾客有一个基本的认识，这样才能有的放矢，百步穿杨。

纵观顾客众生相，大致可分为八种性格不同的顾客：①沉默型；②冷淡型；③慎重型；④自高自大型；⑤博学多识型；⑥见异思迁型；⑦争辩型；⑧激动型。

光了解顾客性格是不够的，生意人还要洞悉顾客购买动机，然后进行满足其购买动机需要的活动，使顾客从购买欲望转向购买行为。概括地说，顾客的购买动机包括情感动机、理智动机、惠顾动机等。

了解顾客的心理和性格，无论是推销员还是售货员，都可以比较准确地判断和识别不同类型的潜在客户，以不断改变自己的方法，取得最好效果。

一般来讲，商家对顾客的态度可分为"硬"态度和"软"态度。对于那些心肠软的、主意不坚定的客户，最好采用民主和友好的"软"态度；而对于那种刻板的、对什么都无动于衷的顾客，则应该采用"货真价实"、"性能可靠"的"硬"态度来解决。

比如说您是经营复写纸的商人，那么当您到信用社去推销您的商品，您就得用"硬"态度的方法进行推销。因为在信用社工作的人员整天与复写纸打交道，质量好的，他们见过；质量次的，他们也接触过。你不必过多地宣传商品的性能，重要的是用事实使他们相信，这种产品确实是一流的，不买下来是非常可惜的。

每个客户的购买动机都是源自于他的价值标准，这种价值标准一般是由以下几个因素决定的：①理论标准（对知识感兴趣）；②经济标准（对物质用品感兴趣）；③美学标准（对造型、包装感兴趣）；④社会标准（对惩恶扬善的公共道德感兴趣）；⑤政治标准（对管理事务感兴趣）；⑥宗教标准（对体现出宗教教义的事物感兴趣）。

一个精明的生意人面对每一位顾客，都必须以这六个标准来衡量对方，因为人们每天都在试图满足自己的标准，只有确定客户的价值标准，你的经营才可能成功。

一个厨具商访问了某公司餐厅的经理。

他问："请问您是否喜欢您目前的职业？"经理回答道："我不准备在此待一辈子，我想成为整个公司的经理。"这句话反映出他的政治标准。于是这位商人就开始这样介绍自己的产品："您要是在您的餐厅里安装了金光闪闪的厨具，您的顶头上司一定会意识到您善于经营，是个出类拔萃的人。然后您再把整个餐厅装潢得整洁高雅，那您所经营的餐厅一定会宾客如云，生意兴旺。您一定会被上司赏识，您的前途将是无量的。"那位经理二话不说，马上买了他的整套炊具。

如果有些顾客想要解决某个问题，您必须采取理论标准的方法，因为这时价格通常不起作用，而解决问题是至关重要的。您就可以因此出击，想方设法以您的产品来满足顾客的要求。

如果有些客户是带有美学标准来购买的，比如要购买装饰用的雕刻、盆景、字画、风光景物图，那么您就应该投其所好，用美学观点与其交谈，尽量使顾客对您的谈话产生共鸣。

总之，每一位成功的生意经营人都要按照正确的方法和恰当的标准，因人而异、软硬兼施地向客户介绍您的商品，这样易于获得自己所求的东西——订货单。

愿您在生意场上谈吐非凡，妙语惊人。

有口才说话才有权威感

同是讲话，有的人讲话分量重，有的人讲话分量轻，之所以有这种差异，除了讲话者本人的身份以外，讲话的方式也十分重要。如果你是这方面的权威，你完全可以通过自己的说话方式告诉他你的身份。

（1）要"言简意赅"、"长话短说"。某君写了很多很多封应征信，填了很多很多张申请表，一一寄出，均如石沉大海。不料得着一张回邮的明信片，仅有"某时面谈"简简单单几个字，他一定终身忘不了这张短短的回邮。

（2）要最后出场讲话。说话时愈将重点放在后面，愈能显出所说的话的重要性了。对"重点置之于后"的心理因素的运用，中国人最具有代表性。开会时，官阶愈高的人愈后到；舞台上角儿露脸，最后出场的角儿便定是最最重要、最最顶尖儿的。

（3）要使用口头禅。口头禅是人们常挂在嘴边的口头语，总是以这句话来介绍自己、强调自己，使别人听来亲切自然，也为自己树立了一个独特的商标。

（4）你可以采用幽默的讲话风格。幽默的话易于记忆，又能予人以深刻印象，正是自我标榜的商标，必能使你在别人的心目中留有深刻印象。

（5）句子短些。短句子说起来轻松，听起来省力，吸引力也强。最好一句话一个意义，一句话的含义过于复杂，听者费力，交流就多了一层障碍。

（6）要有顺序，选择什么线索来整理说话内容，可看需要而定。要注意通俗易懂，忌讳古词语、夹杂洋文、专业用语过多。至少要吐字清晰，语速适当。

（7）你在说话时要坚定而自信，力度要适中，眼睛正视对方，这样才显示你是充满自信和颇有能力的。若讲话时眼睛不敢正视对方，握手软弱无力，会使人觉得你意志薄弱，容易支配。

（8）讲话时站起来，要站直。开口前先等几秒，等大家都望着你时再说。与别人谈话时，身体稍往前倾，会让别人更容易接受你的意见。

（9）强调时运用手势，但不可指着别人的脸晃动手指。讲话慢而清晰，语言简短，等于告诉对方："我有能力控制一切。"

（10）注意对方的眼睛。研究显示，一个人紧张时，目光会游离不定，而且眨眼次数增加。注意对方的小动作，一个人可以做到喜怒哀乐不形于色，但他的小动作会透露他的心情。例如你在谈话时发现对方的腿在轻轻晃动，这表示他对你的话不以为然。

（11）努力扩大知识面。知识面越广，越能令你在各种场合充满自信地加入别人的谈话。

除此之外，你还要注意行动轻捷，笨手笨脚对你的形象损害最大。穿着要整洁，避免刺眼的色彩和繁复的配饰，保持干净、挺括。并要注意身姿，含胸显得畏缩，昂首挺胸可以创造出你居于老板地位的形象。

培养良好的说话能力

一个人是否真有说话的魅力，直接影响他是否对对方具有吸引力，关系到他是否具有良好的人际关系。所以，我们在训练自己说话的自信心时，要注意增强自己说话的魅力。

组成说话魅力的内容是十分广泛的。每个人说话的内容，说话时选词造句与构篇布局的材料、手段，说话的语气、语调，说话的身姿、手势、表情都可以折射出他是否具有说话的魅力。

首先，谈谈说话的风度。

所谓风度，是指美好的举止、姿态及表情等。说话的风度是一个人内在气质的言语表现，是一个人的涵养的外化。使自己的说话具有风度，是增强自己说话魅力的重要途径。良好的说话风度往往具有很大的吸引力。无论是男士说话中那刚毅稳健的气质，还是女士说话中那风姿绰约的魅力；不论是外交官那彬彬有礼的谈吐，还是政治家那稳重雄健的言论——都会令人仰慕不已，倾心无比。正如德国戏剧家莱辛所说"风度是美的特殊再现形式"。

孔子说："文质彬彬，然后君子。"风度正是外在语言和内在气质的恰当配合。首先，风度是一种品格和教养的体现。如果一个人没有高尚的道德情操，没有一定的文化修养，没有优雅的个性情趣，其说话必然是粗俗鄙陋、琐秽不雅。其次，风度是一种性格特征的表现。比如性格温柔宽容、沉静多思的人，往往寥寥几句的轻声细语就能包含浓烈的感情成分；而粗犷豪放、性情耿直者，则说话开门见山，直来直去。再次，风度是涵养的一种表现、这主要表现在处理人际关系时不卑不亢、雍容大度。最后，风度是一个人说话的选词造句、语气腔调、手势表情等等的综合表现。如法官在法庭说话时正襟危坐、不苟言笑、咬文嚼字、逻辑缜密。

说话的风度是多种多样、丰富多彩的。洋洋洒洒、侃侃而谈是风度，只言片语、适时而发也是风度；谈笑风生、神采飞扬是风度，温文尔雅、含而不露也是风度；解疑答难、沉吟再三是风度，话题飞转、应对如流也是风度；轻声慢语、彬彬有礼是风度，慷慨陈词、英风豪气也是风度。每个人在培养自己的说话风度时，应根据自己的性格特征、情趣爱好、思维能力、知识结构等有所选择。另外，同样一个人，在不同的场合、不同的环境下，其说话的风度也是有所不同的。比如教师在课堂上讲课与在家里跟家人闲聊时，则表现为两种相差甚远的风度。

说话的风度是人的一种自然特色，是与时代相吻合的。我们反对脱离时代追求风度；我们也反对脱离自己的个性、身份去讲究风度。任何东施效颦、搔首弄姿、没有个性的说话形态都毫无风度可言。

在日常的说话、判断或讲座中，我们可能会遇到这种情况：同样的话，这个人说我们就很愿意接受，而换成另一个人说，我们就不但不愿接受，而且还会产生反感。为何会出现这两种截然相反的结果呢？这实际上牵涉到一个人说话的态度问题，而说话态度又是说话人风度的最直接体现。

我们说话的目的是把自己的意思告诉他人，让他人明白、了解、信服或同情我们。如果说了话，别人没什么反应，甚至不信服或产生反感，这就没有意义了，说了还不如不说。那么，怎样才能锻炼出说一句是一句的理想口才呢？这就要求说话者既要了解自己，又要了解对方，力争在很短时间内在双方培养出一种相互了解与同情的气氛。

也许，人人都懂得，对方无论讲什么都无关紧要，最重要的是他的态度。如果态度好，大家都愿意跟他谈，即使他不同意我们的意见，不满意我们的行为，我们也仍然愿意跟他谈。如果态度不好，就是再好的话题也无法顺利进行下去。

那么，究竟什么才是良好的态度呢？就是对人要有正确的了解和充分的同情，此两点是良好态度的基本内容。然而，如何让对方感觉我们对人的了解与同情呢？态度良好的重要性正体现于此。即使我们是很有同情心的人，若不能让人感觉到这一点，那也可能会被他人认为冷漠、骄傲、自私。这正如我们很喜欢和关心自己的朋友，而朋友却全然不知，可能反而会受到朋友的误解和埋怨一样。这是一种很普遍的社会现象，而且很使人痛心。因此。我们要注意一下在别人的心目中我们究竟是什么样子，而且要设法了解别人的心目中希望我们是什么样子，喜欢我们是什么样子。

那么，在日常生活中，在与一般普通朋友的正常交际场合中，别人希望我们有什么具体的表现呢？

首先，别人希望我们对他的态度是友好的，希望我们愿意和他做朋友；别人希望我们能体谅他的困难，原谅他的过失；别人还希望我们能关心他们，帮助他们，思考他们的问题，并对他们提供有用的建议，与他们成为友好的、忠实的、热心的朋友。

其次，别人希望我们对他本人，对他所做和讲的事情均感兴趣。每个人都有此希望，包括我们对别人也是如此。因而，我们最好能做一个对什么都感兴趣的人。本来，我们的兴趣也跟一般人一样，常常容易被感兴趣的人物、感兴趣的谈话所吸引，而忽略不太吸引人的人物。如果我们是同情心很强的人，就不该如此，而应该学会顾及全体，并且特别照顾那些不被人注意的人；当我们谈话时，我们要把在场的每一个人都看到。我们的双眼要随时在每一个人的脸上停留片刻，对于那些没有讲什么话的人和看似不太自在的人特别要注意，要设法找些话题跟他们交谈，以便解除他的紧张和不安的心理因素。

总而言之，别人希望我们对他讲的东西都感兴趣，并希望我们的态度是友善的、良好的。作为一个成功的说话者，我们要力争做到如此。说话时良好的态度是展现你说话魅力的保证。